# 穿越百年中国梦

吕章申题

国家出版基金项目
NATIONAL PUBLICATION FOUNDATION

顾　问：吕章申
主　编：陈履生
副主编：白云涛

穿越百年中国梦

# 烽火狼烟

### 写给孩子的党史学习教育读本

安跃华◎著

SPM
南方出版传媒
新世纪出版社
·广州·

图书在版编目（CIP）数据

烽火狼烟 / 安跃华著 . — 广州：新世纪出版社，2017.12
（2021.12 重印）
（穿越百年中国梦 / 陈履生主编）
ISBN 978-7-5583-0996-0

Ⅰ . ①烽… Ⅱ . ①安… Ⅲ . ①抗日战争—中国—少年读
物 Ⅳ . ① K265.09

中国版本图书馆 CIP 数据核字（2017）第 296899 号

出版人：陈少波　　　　　　　　　策　划：宁　伟
责任编辑：宁　伟　　　　　　　　特约编辑：耿　谦
排版设计：大有图文　　　　　　　责任校对：陈　雪

**烽火狼烟** FENGHUO LANGYAN
安跃华 / 著

出版发行：新世纪出版社
（广州市大沙头四马路 10 号）
经　　销：全国新华书店
印　　刷：天津画中画印刷有限公司
规　　格：880mm×1230mm　1/32
印　　张：4
字　　数：57 千字
版　　次：2017 年 12 月第 1 版
印　　次：2021 年 12 月第 5 次印刷
书　　号：ISBN 978-7-5583-0996-0
定　　价：22.50 元

如发现印装质量问题，影响阅读，请联系调换：
北京广版新世纪文化传媒有限公司
销售热线：010-65545429
[书中图片由中国国家博物馆提供]

VR融媒党史云课堂
党史学习就在我身边

# 目 录
## contents

# 《穿越百年中国梦》总序

　　2012 年 11 月 29 日，党的十八大闭幕刚刚半个月，习近平总书记率领新一届中央政治局常委和中央书记处的同志，来到中国国家博物馆参观《复兴之路》基本陈列。

　　那天上午，习总书记一行轻车简从，9 时许来到国家博物馆，进入《复兴之路》展厅参观。一件件实物，一幅幅照片，一张张图表，一段段视频，把我们带回到近代以来跌宕起伏、波澜壮阔的难忘岁月。在 19 世纪末列强割占领土、设立租借地、划分势力范围示意图前，在鸦片战争期间虎门抗英的大炮前，在反映辛亥革命的文物和照片前，在《共产党宣言》第一个中文全译本前，在中华人民共和国第一面五星红旗前，在党的十一届三中全会照片前，习总书记不时停下脚步，认真观看，详细询问相关历史背景和文物情况。

　　在参观期间，习总书记发表了重要讲话。他说:《复兴之路》这个展览，回顾了中华民族的昨天，展示了中华民族的今天，宣示了中华民族的明天。中华民族的昨天，正可谓"雄关

中国国家博物馆前馆长　　吕章申

漫道真如铁"。近代以后，中华民族遭受的苦难之重，付出的牺牲之大，在世界历史上都是罕见的。但是，中国人民从不屈服，不断奋起抗争，终于掌握了自己的命运，开始了建设自己国家的伟大进程，充分展示了以爱国主义为核心的伟大民族精神。中华民族的今天，正可谓"人间正道是沧桑"。改革开放以来，我们总结历史经验，不断艰辛探索，终于找到了实现中华民族伟大复兴的正确道路，取得了举世瞩目的成就。中华民族的明天，可以说是"长风破浪会有时"。经过鸦片战争以来170多年的持续奋斗，中华民族伟大复兴展现出光明的前景。现在，我们比历史上任何时期都更接近中华民族伟大复兴的目标，比历史上任何时期都更有信心、有能力实现这个目标。讲到这里，总书记环顾大家，深情阐述"中国梦"。他说："现在大家都在讨论中国梦，何谓中国梦？我以为，实现中华民族的伟大复兴，就是中华民族近代以来最伟大的中国梦。这个梦想，凝聚了几代中国人的夙愿，体现了中华民族和中国人民的

整体利益，是每一个中华儿女的共同期盼。实现中华民族伟大复兴是一项光荣而艰巨的事业，需要一代又一代中国人共同为之努力。我坚信，到中国共产党成立一百年时全面建成小康社会的目标一定能实现，到新中国成立一百年时建成富强民主文明和谐的社会主义现代化国家的目标一定能实现。我更坚信，中华民族伟大复兴的梦想一定能实现！"

我有幸全程陪同习总书记参观，为总书记一行讲解展览，并现场聆听习总书记关于"中国梦"的重要讲话，感受颇深，终生难忘。习总书记提出实现中华民族伟大复兴的"中国梦"，是时代的最强音，凝聚了全球中华儿女的心，成为激励中华儿女团结奋进，实现中华民族伟大复兴的一面精神旗帜。

《复兴之路》基本陈列回顾了 1840 年鸦片战争以来一百多年间，陷入半殖民地半封建社会深渊的中国各阶层人民，在屈辱和苦难中奋起抗争，为实现民族复兴进行的种种探索，特别是中国共产党领导各族人民争取民族独立、人民解放、国家富强、人民幸福的光辉历程。习总书记参观《复兴之路》并提出实现中华民族伟大复兴的中国梦命题后，中央国家机关、部队、企事业单位、社区街道、社会团体、学校等纷纷来到中国国家博物馆，沿着习总书记的足迹，参观《复兴之路》展览。《复兴之路》展览成为爱国主义教育的重要课堂。

2014 年，习总书记在有关讲话和批示中指出，历史是最

好的教科书，博物馆要让文物活起来，让文物说话，把历史智慧告诉人们，激发民族自豪感，坚定全体人民振兴中华、实现中国梦的信心和决心。中国国家博物馆和广东新世纪出版社有限公司落实习总书记的指示，以《复兴之路》基本陈列为基础，经过三年多艰苦工作，编写和出版了这套《穿越百年中国梦》丛书。组织和参与编写这套丛书的同志，大多数参加了《复兴之路》内容设计和布展工作，有的还现场聆听了习总书记关于"中国梦"的重要讲话。他们对《复兴之路》基本陈列不但理解深刻，而且怀有深厚感情。

习总书记指出：中国梦归根到底是人民的梦。有梦想，有机会，有奋斗，一切美好的东西都能够创造出来。习总书记希望广大青少年要勇敢肩负起时代赋予的重任，志存高远，脚踏实地，努力在实现中华民族伟大复兴的中国梦的生动实践中放飞青春梦想。

我相信，在中国共产党即将迎来百年华诞这个重大历史时刻，这套丛书的重印出版，对广大青少年牢记习总书记"不忘初心"的嘱托，更好地开展党史学习教育，增强实现中华民族伟大复兴中国梦的责任感，一定会起到促进作用。

吕章申

# 前　言

中国现代史学会会长　郭德宏

中华民族是一个有着自己梦想，特别是美好社会理想的民族。

两千多年前，我们的古圣先贤，就有"小康"和"大同"的社会理想。那时的"小康"理想，就是家家丰衣足食，人人遵守礼仪，互相谦让。那时的"大同"理想，就是天下人如同一家人，家家幸福，人人愉快，"路不拾遗，夜不闭户"。由于历代封建统治者都不代表广大的人民群众利益，古圣先贤的"小康"和"大同"社会理想都没有实现。

勤劳智慧的中国人民，创造了光辉灿烂的古代文明：强盛的汉代，繁荣的唐代，辽阔的元代，清初的盛世。那时，与世界上其他大多数国家和地区相比，中国富饶、强盛、文明、进步。用现代语言表述，那时的中国是"发达国家"，其他那些国家和地区则是"发展中国家"。然而，由于帝国主义入侵和封建主义统治腐败，中国落后了。从 1840 年鸦片战争中国战败到 19 世纪末，中国逐渐沦为半殖民地半封建社会，陷入将要亡国灭种的深渊。

从 1840 年鸦片战争开始，当时一些思想先进的中国人就寻求救国救民之道。林则徐、魏源开眼看世界，地主阶级的洋务运动，资产阶级维新派的戊戌变法，都试图在不根本触动封建统治的前提下富国强兵，但是都失败了。1894 年孙中山创立革命团体兴中会，首次提出"振兴中华"口号。1902年康有为完成《大同书》的写作，期望中国实现古圣先贤所憧憬的大同世界。1902年梁启超发表《新中国未来记》，1904年蔡元培发表《新年梦》，都憧憬中华复兴，雄立世界。近代以来，每一个中国人都满怀着复兴中国、振兴中华的梦想。但在半殖民地半封建社会的旧中国，中国人民的这一梦想不但没有实现，反而遭受着越来越严重的民族苦难。

1921年，伟大的中国共产党成立，超越古圣先贤"小康"和"大同"的社会理想，提出了夺取反帝反封建胜利、建立人民当家做主政权、最终实现人类最美好最理想的共产主义社会的奋斗目标。中国共产党肩负起民族独立、人民解放的历史重任，领导中国人民，经过浴血奋战，于1949年建立了人民当家做主的中华人民共和国。新中国成立，是中华民族由衰落走向强盛的历史转折点，开启了中华民族伟大复兴的新纪元。

中华人民共和国成立后，毛泽东、周恩来等老一辈革命家，领导全国各族人民为实现国家富强、人民共同富裕的新的历史任务而奋斗。在党的领导下，中国确立了社会主义基本制度，成功实现中国历史上最伟大最深刻的社会变革，为中华民族的伟大复兴奠定了制度基础。与此同时，中国共产党领导全国人民进行大规模经济建设和文化建设，取得了旧中国几百年几千年所没有取得的成就，为实现中华民族伟大复兴奠定了基本的物质基础。

1978年改革开放以来，以邓小平、江泽民、胡锦涛同志为主要代表的中国共产党人，全面推进社会主义现代化建设。神州大地，生机勃发。2010 年，中国 GDP（国内生产总值）上升至 34 万亿元人民币，成为仅次于美国的世界第二大经济体，并一直保持至今。伴随着各方面的迅猛发展，中国迅速走向繁荣，国际地位不断提高，国际影响日益扩大。中国步入世界强国之列，为实现中华民族伟大复兴创造了现实条件。

2012 年 11 月 29 日，习近平总书记率领新一届中央政治局常委和中央书记处的同志参观中国国家博物馆《复兴之路》基本陈列。习总书记在这里向全世界宣示"中国梦"，重申"两个一百年奋斗目标"，既是中国共产党对全国人民的郑重承诺，是党和国家面向未来的政治宣言，也是中华民族伟大复兴的总动员。中国的伟大发展，又一次站在新的历史起点上；中华民族的伟大复兴，揭开了历史新篇章。

以习近平同志为核心的党中央，"不负重托，不辱使命"，在实现中华民族伟大复兴中国梦的推动卜，国民经济继续稳步发展，中国的国际地位更加提高，国际影响力更加扩大。我们现在比历史上的任何时期都更加接近中华民族伟大复兴这个目标，我们现在比历史上任何时期都有信心、有能力实现这个目标。

中国梦连接着过去与现在、历史与未来，连接着国家与个人、中国与世界。拥有五千多年文明历史的中华民族，曾经创造了辉煌的古代文明，走在世界前列，为人类社会发展做出了巨大的贡献。今天，中华民族的伟大复兴，不仅造福中国人民，而且造福世界人民。已经步入世界发展中大国的中国，理应承担起大国责任，对人类社会的发展进步，做出更大的贡献。

《穿越百年中国梦》丛书回顾了1840年鸦片战争以来一百多年间，陷入半殖民地半封建社会深渊的中国各阶层人民，在屈辱和苦难中奋起抗争，为实现民族复兴进行的种种探索，特别是回顾了中国共产党领导全国各族人民争取民族独立、人民解放、国家富强、人民幸福的光辉历程。这套丛书深刻揭示了历史和人民为什么和怎样选择了马克思主义，选择了中国共产党，选择了社会主义道路，选择了改革开放；深刻揭示了历史和人民为什么必须始终坚持高举中国特色社会主义伟大旗帜不动摇，坚持中国特色社会主义道路不动摇；昭示出没有共产党就没有新中国，就没有中国特色社会主义，只有社会主义才能救中国，只有改革开放才能发展中国、发展社会主义、发展马克思主义。

我相信，这套丛书的出版，能够使广大青少年读者更加深入地了解中华民族近代以来反对外来侵略史、人民解放的抗争史，了解中国共产党领导全国各族人民为中华民族伟大复兴而奋斗的创业史和改革开放史，为实现国家富强、民族振兴、人民幸福的中华民族伟大复兴的中国梦，夺取新时代中国特色社会主义伟大胜利，提供令人振奋的精神动力。

郭德宏

VR融媒党史云课堂
党史学习就在我身边

　　日本实行明治维新后，伴随着国力的强盛，法西斯主义开始崛起，逐渐走上了穷兵黩武的军国主义道路。1931 年 9 月 18 日，日本在中国沈阳蓄意制造九一八事变，点燃了侵华战争的烽火狼烟。随后，日本迅速占领东三省，扶植建立起伪满洲国傀儡政权，然后将侵略的魔爪伸向华北。在中华民族生死存亡的关头，中国共产

# 烽火狼烟

党率先吹响抗日号角，明确提出了对日抗战的坚决主张。不屈的中国军民奋起反抗，纷纷以各种形式抵抗外族侵略，抗日的烽火燃遍白山黑水、长城内外，局部抗战不断发展。在风起云涌的全民抗日浪潮推动下，1937年西安事变爆发，国共双方经过会谈，最终达成合作协议，共同肩负起中华民族艰苦卓绝的抗战重任。

第一章

# 狼子野心

VR融媒党史云课堂
党史学习就在我身边

## *1.* 日本法西斯上台

"法西斯"一词的原意是指"棍棒加斧头"。它源于古罗马时期,象征威权,也是一种终极刑具,具体说来是用皮带捆住一束木棍,木棍中间再插入一把斧头。倘若有人犯了重罪,执政官便会命人先用木棍狠狠抽打他,直到皮开肉绽,再抽出斧头,当场砍下罪人的头颅。1919 年,世界上出现了最早的现代意义上的法西斯组织,其主要特征是对内严厉镇压异己分子,诋毁自由及民主,对外疯狂侵略其他国家和民族。

现代法西斯主义的创始人是意大利人墨索里尼,北一辉则是日本法西斯的创始者。他崇尚暴力，鼓吹战争万能，宣扬国土狭小的国家对外扩张是合理的。他还宣称，日本应该打败英美俄中等国，缔造一个庞大的世界帝国。他炮制出一份《日本改造法案大纲》，提出了一整套将日本法西斯化的设想，揭开了日本法西斯运动的序幕。1919 年，北一辉与大川周明成立犹存社。之后，日本出现了各种各样的法西斯组织。

1921 年 10 月 27 日，3 个野心勃勃的日本军官——永田铁山、小畑敏四郎和冈村宁次，在莱茵河畔的德国巴登巴登温泉聚会，热烈讨论当时日本国内外的政治军事形势，并相约回国后致力于改革陆军体系。3 人结成了巴登巴登密约，又称三头密约。第二天，东条英机也赶来跟他们会合。

以这项密约为起点，日本军队内部陆续形成了一批法西斯性质的军人团体，如二叶会、木曜会、王师会、一夕会、樱会和天剑党等。其中，一夕会的能量巨大、作用最大，成员包括就任于各省、部要职机构的 40 多名中高级军官，他们当中的东条英机、土肥原贤二、板垣征四郎等很多人，都成了日后在中国犯下累累罪行的甲级战犯。

这些军人团体分别属于统制派和皇道派两个法西斯阵营。比较保守的统制派认为，不经过政变也可以实现军事独裁和侵略的目的。由青年中下级军官组成的皇道派，则坚持发动政变、刺杀大臣，以便建立军事独裁政权。但两派在改造国家、建立法西斯政权这一根本问题上是一致的，只不过在具体实施方法与步骤方面存在分歧和矛盾。所以，他们的频繁活动共同加速了日本军部的法西斯化进程。

一定程度上，法西斯主义是经济大危机的产物。恰在此时，1929 年的资本主义经济危机席卷至日本。这严重激化了日本国内的各种社会矛盾。1936 年，因统制派与皇道派长期对立和相互争斗，最终引爆了二二六兵变。当年 2 月 26 日黎明时分，一批日本青年军官率领士兵共1 500 人从驻地出发，踏着厚厚的积雪，分头突袭了首相官邸、内务省等枢要部门，杀死了内大臣、藏相、教育总监等官员，并占据永田町一带长达 4 天之久。这次由皇道派军人发动的兵变事件，目的是要组建一个适应侵略政策的强硬内阁。政变不久被镇压下去，同属法西斯阵营的统制派借机清理敌对的皇道派势力，牢牢掌握了军部大权。所以，正如前面已经讲过的，兵变虽然失败了，但它却对日本国家法西斯政权的建立起到了重要催化作用。

二二六兵变后上台的广田弘毅内阁，完全听命于军部的摆布，从组织机构到施政纲领，都涂上了清一色的军国主义色彩，并按照军部的意志将扩军备战作为内外政策的核心。广田内阁的成立，等同于日本法西斯的上台，意味着日本军部法西斯政权的基本确立，也标志着日本国家法西斯主义的最终形成。

参与二二六兵变的日本官兵

# *2.* 大陆扩张主义

日本地处亚洲大陆之外，是一个国土狭长、资源贫乏的岛国。但它从不甘心僻处世界一隅，早就有对外扩张的野心。丰臣秀吉（1537—1598）、佐藤信渊（1769—1850）、吉田松阴（1830—1859）等人都曾先后提出过大陆扩张主义。

伴随着近代以来国家实力的不断提升，日本独霸世界的野心日益膨胀。1890年，日本首相山县有朋第一次抛出了所谓"主权线"与"利益线"的侵略扩张理论，宣称国家的疆土是主权线，不容他人侵害；同"主权线"安全紧密相关的区域是"利益线"，只防守"主权线"远远不够，必须同时保卫"利益线"。以这种论调为基础，日本逐步形成了吞并朝鲜，侵占中国东北，进而征服全中国，称霸亚洲的大陆政策，并开始将侵略魔爪伸向一衣带水的邻国。

从1874年起，日本先后侵占中国台湾，吞并中国藩

东方会议会场。右起第三人为日本首相田中义一

属国琉球与朝鲜，挑起中日甲午战争，加入八国联军侵入北京，强占青岛。对资源富饶的中国东北地区，日本更是垂涎三尺。通过日俄战争，日本侵占了旅顺、大连，划辽东半岛为自己的势力范围，并借口保护南满铁路权益，专门成立了一支"满铁"守备队关东军，盘踞东北长达40年之久，成为日后日本侵略东北的急先锋。

1927年4月，田中义一出任日本首相兼外相。他是日本大陆政策的极端热衷者和鼓吹者，一上台就竭力推行大陆政策。5月，日本便以保护本国侨民为名出兵山东，制造了济南惨案，以此来阻挠北伐军统一中国，维

## 历史掌故

**中村震太郎事件**

　　1931 年 6 月，日本参谋本部间谍中村震太郎大尉及其随从 4 人，携带军事地图、测绘仪器、武器等，擅自闯入中国军事禁区，窃取情报，被东北兴安区屯垦军第 3 团逮捕并处死。日本认为这是一个天赐良机，便趁机发表了所谓的《关于中村大尉一行遇难的声明》，谎称中村等人到洮南一带旅行，诬陷中国官兵为抢劫财物而杀人，借题发挥，扩大事态。

护日本在华利益。

　　为制定侵华方针，6 月 27 日至 7 月 7 日，田中内阁在东京召开了东方会议。参加会议的外交官、军部和政府中的强硬派全都是"中国通"，会议的核心议题就是讨论与实施日本独占满蒙（中国东北和蒙古地区）的政策和计划。在会议的最后一天，田中义一发表了《对华政策纲领》，公然将中国领土区分为"中国本土和满蒙"，妄图把中国东北分割出去，变成日本的殖民地。日本武力干涉中国内政、急于吞并东北的欲望和野心暴露无遗。

　　7 月 25 日，田中义一又向日本天皇呈奏了一份题为

《帝国对满蒙之积极根本政策》的秘密文件，这就是臭名昭著的《田中奏折》。奏折中制定了对满蒙的具体侵略方针和步骤，提出"欲征服中国，必先征服满蒙；欲征服世界，必先征服中国"的新大陆政策，成为日本对外侵略扩张的基本国策。

会后，日本即依据前述纲领和奏折所决定的方针，实施野心勃勃的对华政策。1928 年 6 月，为攫取更多利益，日本关东军在皇姑屯策划炸死了已经不太听话的奉系军阀首领张作霖，企图引起混乱，借机出兵。1929 年，日本为摆脱经济危机，缓和社会矛盾，加紧了对中国东北地区的侵略步伐。它蓄意制造"万宝山事件"，挑起中朝两国农民的水利纠纷；又利用"中村震太郎事件"，大造舆论，借题发挥，煽动国内反华战争的烈焰，处处为武装侵占东北寻找借口。与此同时，日本进一步加强了在东北的军事部署，多次组织军事演习，为即将发动的九一八事变做最后的准备。

第二章

# 鲸吞东三省

VR融媒党史云课堂
党史学习就在我身边

## *1.* 九一八事变

　　1931 年 9 月 18 日的夜晚，秋高气爽，一弯弦月悬挂半空，沈阳城北郊外一片寂静。此刻，东北军驻地北大营的官兵和当地百姓大多已经进入了梦乡。日本关东军独立守备队第 2 大队第 3 中队的几名士兵，则在河本末守中尉的带领下，乘着夜色，以巡视铁路为名，携带事先准备好的 42 包小型黄色炸药，像幽灵一般秘密赶往柳条湖附近南满铁路线上预先选定好的爆炸点。

　　柳条湖是个沼泽密布、人烟稀少的小村落，因靠近南满铁路，距离北大营也很近，所以被日军事先选定为肇事地点，这样既便于诬陷中国军队破坏铁路，又便于攻击北大营。

晚上10点20分，河本亲自在北大营南侧大约800米的铁轨连接处装设了炸药，并点火引爆，随即一声巨响，打破了夜晚的宁静。伴随着爆炸声，被炸断的一小段铁轨和几根枕木四散各处。为嫁祸中国军队，日军还刻意在爆炸现场放置了3具身穿东北军服装的中国人尸体。

完成爆炸任务后，河本立刻通过携带的电话机向大队部和特务机关装模作样地"报告"：北大营的中国军队炸毁了铁路，现正在激战中！关东军高级参谋板垣征四郎接到报告后，当即下达了攻击北大营和沈阳的命令。早已埋伏在距爆破地点以北4千米附近的第3中队长川岛正听到爆炸声后，即刻率领全副武装的105名队员，南下向北大营发起突击。其他部队也分别从北大营的西、南、北三面发起进攻，日军重炮则猛轰北大营和飞机场等要害地点，以配合地面部队。一时间，枪声、炮声四起。

北大营距沈阳城区大约5千米，是东北军第7旅的驻地，驻扎着官兵8 000余人。第7旅装备齐整，都是精兵强将，战斗力很强，被称作东北军的模范劲旅。

此刻，被爆炸和枪炮声惊醒的官兵们，很快集结起来。正当他们准备还击时，却接到了东北军参谋长荣臻的命令，根据张学良的指示，队伍要原地不动，枪要交回军械库，官兵继续回营睡觉。官兵们虽然满腔激愤，可身为军人，又不得不服从命令。

结果当日军从城墙西南角突进北大营时，不少官兵刚刚再度进入梦乡，仓促中连衣服都没来得及穿，就被日军的刺刀扎死，被日军的机枪扫射而亡。部分官兵忍无可忍，被迫自卫还击。到凌晨3点多，第7旅官兵才得以突围，撤退到东大营。

由于执行了不抵抗命令，8 000多人的精锐部队就这样被区区几百名日本兵击溃。19日凌晨5点30分，北大营全部落入日军手中。

19日拂晓，日本关东军第2师团第29步兵联队1 000多人又兵分三路向沈阳城进逼。紧接着，驻辽阳的日军也赶到沈阳加入战斗。对于日军的突然行动，正在沈阳的荣臻和辽宁省主席臧式毅二人丝毫没有准备。他们赶紧通过电话向日本驻奉天总领事进行交涉，日本领事却回答："军人行动，领事无权处理。"

由于不敢擅自改变上面的决定，荣臻仍然下令不得抵抗，听其自便。到凌晨5点，沈阳内城的小西门被日军攻破。城内所有的中国警察和宪兵都被缴械，党、政、军、财政、教育等机关全部被侵占。由于东大营内各单

燃烧的北大营

位早已撤走，日军不费吹灰之力就夺取了东大营，继而占领了沈阳兵工厂和飞机场。

日军进入沈阳城后，高高悬挂起"太阳旗"，封锁各交通路口，耀武扬威地持械盘查行人，稍有不满或有反抗行为者，任意枪杀，上百名无辜百姓惨遭杀戮。一伙穷凶极恶的日本兵，专门搜捕中国官员，逼迫被抓到的军官签字承认首先是中国军队破坏铁路并发起攻击。

不仅如此，日军还在城内大肆抢掠公私财物，甚至连张学良等很多东北军政显赫人物的私人官邸都被洗劫一空。军工企业和军工产品全都完好无损地落入日军之

日军在沈阳城墙上向中国军队射击

手，成为他们后来全面发动侵华战争的"军火库"。

沈阳城内硝烟弥漫，街头尸体横陈，呈现出一派悲凉惨景。从这一天开始，日军侵华的烽火狼烟已然升起。

## 2. 东三省沦陷

日本关东军占领沈阳后，又马不停蹄地于 1931 年 9 月 19 日凌晨，由第 3 旅团第 4 联队向长春发动总攻。东北军守军进行了自发的还击，营长傅冠军受重伤后牺牲。上午 11 时，日军攻陷并占领了宽城子中国驻军营地。

与此同时，驻守南岭的东北军也与日军展开激战，坚守兵营直到下午才得以突围撤退。当天晚上，长春城失陷。同一天，日军侵占了辽宁营口、辽阳、鞍山、本溪、抚顺和吉林四平、安东等 20 座城市，完全控制了连接旅顺、安东的铁路线。21 日，日军借口保护日侨，又进犯吉林省省城吉林。吉林省政府代理主席、东北边防军副司令长官公署参谋长熙洽叛国投敌，命令中国军队退出省城，日军得以在次日兵不血刃地占领吉林。至 25

## 历史掌故

### 东北军

东北军是张学良统辖的东北地方军的通称，前身为奉系军阀张作霖率的奉军。东北军是中华民国时期中国唯一海、陆、空编制齐备的军队，1928 年被蒋介石改编为东北边防军，简称"东北军"，纳入南京政府军系统，拥有兵力约 30 万。西安事变后，张学良被蒋介石软禁，东北军群龙无首，并因主战还是主和的问题发生严重分歧，以致内部残杀。危急关头，中共代表周恩来苦口婆心，多方做工作，才避免了事态进一步扩大。

日，日军相继占领了辽宁、吉林两省的 30 座城市，12条铁路线也完全或部分地被日军控制。

完成第一阶段的既定目标后，日军又连续用兵，不遗余力扩大侵略战果。11 月 19 日，黑龙江省省会齐齐哈尔沦陷。日军随即调头向南，进攻辽西重镇、有"东北咽喉"之称的锦州。

九一八事变后，东北军大部从沈阳撤退后进入了锦州和辽西。张学良通电在锦州设立东北边防军司令长官公署和辽宁省政府行署，由张作相代理东北边防军司令

长官，米春霖代理辽宁省政府主席。同时，调骑兵第 3
旅、步兵第 12 旅和第 20 旅沿大凌河布防，以对抗日军
进攻锦州。10 月 8 日，日军 12 架飞机从沈阳起飞轰炸
锦州，投下了 80 枚炸弹。随后，日军攻占了新民、通
辽、田各庄等地，为下一步夺取锦州做铺垫。12 月 22
日，日本关东军以九一八事变以来前所未有的大会战规
模，调集 3 个步兵旅团向辽西和锦州发动总攻。

可还没等到日军正式进攻锦州，中国守军就根据张
学良的命令开始撤退。1932 年 1 月 3 日下午，日军未发
一弹便进入了锦州，此后又相继占领了山海关外的全部
辽西地区。至此，辽宁省全部为日军侵占。

1 月 27 日，日军借口 4 名日籍人被杀，又回过头来
进攻哈尔滨。首先被占领的是双城堡地区，这导致哈尔
滨门户洞开。刚刚组建的吉林自卫军，在东北军第 24 旅
旅长李杜、吉林卫队团团长冯占海等人率领下，利用民
房、围墙顽强抵抗，与敌人展开激战，将日军阻挡于阵
地前五六百米处，不得前进。日军调整部署，以第 2 师
团主力和伪军一部，分左右两路向哈尔滨发动进攻。因

寡不敌众，守军逐渐不支，于 5 日下午全线撤退。日军开入哈尔滨市内。

从九一八事变到哈尔滨沦陷，前后不过 4 个月零 18 天。日本关东军和从朝鲜紧急调来增援的日军加起来只有 3 万多人，东北边防军却有 20 万之众，但大多不战而

退，使东北三省近百万平方千米土地沦于日寇的铁蹄之下。日军不到半年时间所掠取的中国土地面积，竟相当于日本本土的 3 倍。从此，3 000 万东北同胞陷入水深火热之中，长达 14 年之久。很多人辞别故乡，逃往山海关内，到处都传唱着他们悲愤凄婉的歌声：

东三省沦陷后，东北人民被迫选择背井离乡

我的家在东北松花江上，那里有森林煤矿，还有那满山遍野的大豆高粱。我的家在东北松花江上，那里有我的同胞，还有那衰老的爹娘。九一八，九一八，从那个悲惨的时候，九一八，九一八，从那个悲惨的时候，脱离了我的家乡，抛弃那无尽的宝藏，流浪！流浪！整日价在关内流浪！哪年，哪月，才能够回到我那可爱的故乡？哪年，哪月，才能够收回我那无尽的宝藏？爹娘啊，爹娘啊，什么时候才能欢聚一堂？

# 3. 伪满洲国

日本在策划九一八事变的同时，也在酝酿着对中国东北的占领政策。起初，日本关东军制定了一个《满蒙问题解决方案》，想建立一个由日本控制、脱离中国本土的独立国家。接着，他们又制定了《满蒙共和国统治大纲草案》，策动熙洽、张海鹏、张景惠几个卖国求荣的汉奸宣布独立，拼凑各省伪政权，为炮制伪满洲国打下了基础。

选谁当傀儡呢？日本把目标锁定在了爱新觉罗·溥

仪身上，企图拿他当幌子，来应对国际舆论的谴责和国际联盟在中国的调查，同时欺骗、麻痹东北人民，以掩盖其侵占东北的真实意图。

　　溥仪是清朝的最后一个皇帝，辛亥革命爆发后，他已于 1912 年 2 月 12 日被赶下皇帝宝座，退位后在紫禁城里过着逊帝生活。1924 年 11 月，冯玉祥发动北京政变，把他赶出紫禁城后，溥仪便在日本人的安排下，住

## 历史掌故

### 特赦溥仪

　　1959 年 12 月 4 日，在押的 300 多名伪满和国民党战犯忐忑不安地坐在抚顺战犯管理所大礼堂中。礼堂中央悬挂的"抚顺战犯管理所特赦大会"红色条幅分外醒目。会场一片寂静，战犯们既激动又紧张，不安地望着手握特赦名单的管理人员。当爱新觉罗·溥仪听到自己的名字时，他先是一愣，而后慢慢站起，缓缓走到主席台前，伸出颤抖的双手，接过特赦通知书，然后深深地鞠了一躬。弯腰的那一刻，他已经泪流满面。所有人都没想到，第一个被特赦的竟然是这个末代皇帝。其实，溥仪最该感谢的人是毛泽东，原本名单中没有他的名字，但毛泽东说："要放，就先放'皇帝'，我们共产党要有这个气魄。"

进了天津日租界的洋房里，被严加控制，成了日本人手中的棋子。

九一八事变的爆发，使成天梦想着再当皇帝的溥仪感到恢复大清的时机来临了。1931年11月的一天，关东军特务机关长土肥原贤二到天津密会溥仪，鼓动煽惑他：日本要在满洲建立新国家，希望你不要错过这个机会，你应该马上回到你的祖先的发祥地，亲自领导这个新国家。各怀鬼胎的双方一拍即合，并进行了周密的计划。几天后，土肥原贤二策划指挥了天津的便衣队暴乱，趁乱将溥仪秘密带出天津，辗转送到旅顺。关东军以保护为名，将他软禁起来，为扶植伪政权做准备。

1932年3月8日，溥仪在日本军人、特务的严密"保护"和汉奸的簇拥下抵达长春。9日，在日本关东军的一手导演下，溥仪在吉长道尹公署就任"执政"，发表执政宣言，宣告"满洲国"正式成立，年号"大同"。郑孝胥为"国务总理"，张景惠为"参议府议长"。定长春为首都，改称"新京"。国旗为红蓝白黑满地黄的五色旗，寓意满族、大和族、汉族、蒙古族和朝鲜族五族协和，4个民

溥仪（中坐者）就任满洲国"执政"时合影，前排左五为日本关东军司令官本庄繁，左七为"国务总理"郑孝胥

族在满族的统治下携手建设"满洲国"。历任中国政府从没承认过这个非法政权，所以称它为伪满洲国。

10日，溥仪与关东军司令官本庄繁以"换文"的方式签订了《日满密约》，规定："满洲国"的国防、社会治安由日本全权负责，维持所需的经费则由"满洲国"承担；东北的铁路、港湾、水路、航空等由日本管理，铁路的修筑权也交给日本；"满洲国"各级官吏选用日本人担任，保荐和解职都必须得到关东军司令的同意。日本要求溥仪不能更改这个条约中的任何一个字。明知是在卖国，溥仪却乐得接受。

溥仪并不满足做一个傀儡执政，他真正的梦想是再登皇位，恢复大清帝业。在他的一再要求下，日本终于同意了他的想法。欣喜若狂的溥仪迫不及待地从北京的太妃那里取来了光绪皇帝曾经穿过的龙袍，准备在登极那天穿戴。可关东军却对他说，日本承认的是"满洲国皇帝"，不是大清皇帝，所以他只能穿关东军指定的"满洲国陆海空军大元帅正装"，而不能穿清朝龙袍。

1934年3月1日，伪满洲国改行帝制，溥仪在长春南郊杏花村举行"登极大典"，改"满洲国"为"大满洲帝国"，年号"康德"，颁发诏书诏告天下。因为双方对登极方式各不相让，最后上演了一场溥仪先穿龙袍举行登极告天礼，再穿"满洲国陆海空军大元帅正装"在勤民楼举行即位典礼的闹剧。最终，溥仪以出卖主权为代价，当上了儿皇帝。

此后，貌似独立的伪满洲国，一直到1945年日本战败投降为止，始终处于日本关东军的操纵和控制之下，完全成为日本在东北推行殖民统治的工具。

# 4. 殖民统治

在东北三省，日本通过操纵伪满傀儡政权，在政治上实行法西斯统治，在军事上实行残酷镇压，在经济上实行疯狂掠夺，在文化上实行奴化教育，以达到其长期殖民中国东北的险恶目的。

1933 年 8 月 8 日，日本内阁正式通过了《满洲国指导方针要纲》，明确提出"满洲国"的治理"在现行体制下，在关东军司令官兼帝国驻满大使的内部统辖下，主要通过日籍官吏实际进行"，确立了日本关东军司令官在东北的"太上皇"地位。伪满政府的各级政权无一例外地由日系官员把持着实际权力，伪满官吏只能听命于日系官员，不得有半点执拗和违抗。

为便于统制，伪政权推行总务厅中心主义，在国务院下设总务厅，但日系总务厅长却凌驾于伪国务总理之上，操控一切。

日伪政权还颁布各种法令，剥夺东北人民任何的言论、集会和结社的自由，随时以种种罪名肆意逮捕爱国志士和无辜民众，对他们施以残酷刑罚。同时，在农村推行"集团部落"，强迫人们离开世代居住的土地和家园，将原来居住的村庄烧光、树木砍光，组成由日伪军警直接控制下的大村落，大规模地制造"无人区"和"人圈"，以防止抗日武装力量的扩大。

此外，日伪政权还普遍实行保甲制和连坐制。

在军事上，日本不断强化法西斯军事统治，实施血色恐怖。在日本关东军的控制下，伪满政权建立起了一整套的庞大的伪满军、宪兵、警察和特务系统。他们动辄以"治安肃正"为名，进行残酷的军事"讨伐"，实行烧光、杀光、抢光的"三光"政策，制造了许多骇人听闻的惨案。

1932年9月15日夜，日本在抚顺占据的一个采炭所遭到抗日义勇军的袭击，所长被杀死。对此，日军展开了疯狂报复。第二天一大早，全副武装的日本驻抚顺守备队就将平顶山村团团包围起来。鬼子以给老百姓照相为名，把全村男女老幼统统赶到村南的一块洼地里。

制造平顶山惨案的日本抚顺讨伐队

洼地周围的汽车和山坡上，摆着 6 挺用布蒙着的伪装成照相机的机枪。一声令下，露出真面目的机枪疯狂地向人群扫射，顷刻间，村民一个个倒在血泊之中。屠杀持续了一个多小时，凡是中弹未死的，鬼子又用刺刀挨个捅了一遍，连哭喊着的孩子、即将分娩的孕妇和七八十岁的老人也无一幸免。日军随后放火烧毁了村庄和尸体，用炸药炸塌山崖掩盖尸骨，种上树木，以毁灭罪证。

在这次惨案中，日军共烧毁民房 800 余间，屠杀群众 3 000 多人，其中 2/3 是妇女和儿童。在 1933 年至 1936 年间，日军还在东北地区制造了安东南岗头村惨案、依兰土龙山惨案、舒兰老黑沟村惨案、清原镇惨案、通化和柳河白家堡子惨案等暴行。

除残酷镇压外，日本关东军还在 1936 年设立了 731 细菌部队，以东北人民和战俘为试验品，进行灭绝人性的细菌实验。在后来的全面侵华战争中，这支部队犯下了更多滔天罪行。

在经济上，日本依照日满经济一体化方针，通过各种手段完全控制了东北的铁路、通讯、金融、矿产、贸易等经济命脉，对东北丰富的工业资源和农业资源进行疯狂掠夺，使富饶的东北地区成为日本资本主义发展和帝国主义侵略的重要基地。日本诱骗当地农民种植鸦片，毒害广大群众，谋取高额利润。在工矿和施工单位施行野蛮的劳工政策，成千上万的劳工被迫害致死或惨遭杀害。此外，为了确保自己的经济掠夺和扩大侵略势力，日本还在本土掀起了一波又一波向东北移民的热潮。

在教育上，日本极力推行奴化政策。禁止东北各地悬挂中国地图，不准使用"中华"字样。清洗、审查具有抗日思想和进步倾向的教师和学生；废除原有教材，而改用体现奴化教育的教材，强迫青少年学习日语；成立"青年爱国者协会"，对群众进行"王道国家之国民精神"的宣传，"教育他们尊重日本，效忠日本"，摧残中华民族意识，妄图从思想上解除中国人民的武装，以巩固其残暴的法西斯统治。

第三章
# 白山黑水杀敌寇

## 1. 江桥抗战

VR融媒党史云课堂
党史学习就在我身边

　　日军的侵略行径和残暴统治，激起了东北人民的无比仇恨。从日本关东军的铁蹄踏入沈阳城那天起，不愿做亡国奴的东北军民就以各种形式，同侵略者展开了不屈不挠的斗争。

　　当日军集中兵力向黑龙江进犯时，贪生怕死的黑龙江省主席万福麟听到消息后竟躲了起来。黑河警备司令马占山临危受命，出任黑龙江省代主席兼代军事总指挥。1931年10月20日，马占山在齐齐哈尔宣布就职，并发表慷慨宣言："倘有侵犯我疆土，及扰乱我治安者，不惜以全力除之，以属我保卫地方之责。"

嫩江江桥位于洮昂铁路（洮南至昂昂溪）中段，是通往当时黑龙江省省会齐齐哈尔的咽喉要道，日军要想占领齐齐哈尔，必先夺取江桥。此前，汉奸张海鹏曾派3个团攻打江桥，在守军的反击下溃退到江桥以南地区。为阻止敌人再犯，守军将大桥炸毁了3孔，断绝了洮昂铁路的交通。

马占山上任后，日本驻齐齐哈尔领事馆派来两个武官，趾高气扬地要求省政府在11月3日前修好被毁坏的江桥，否则日方将以武力掩护，强行修桥，并要求中国军队撤离江桥，以免冲突。几天后，日军又送来最后通牒，扬言说再不修桥，他们就要动武。马占山决定对日军修桥不予干涉，但如果他们进攻中国军队，就立即采取自卫措施，坚决还击。

11月3日，日军2辆铁甲车载着士兵和工人来到江桥，强行修桥。4日拂晓时分，日军嫩江支队主力到达江桥车站，派出小股部队突入江桥左翼阵地，趁机掳走3名守军哨兵。从中午开始，日军在飞机掩护下从江桥

## 人物故事

**马占山** 马占山生于吉林省怀德县，祖籍河北省丰润县。1929年被张学良任命为黑龙江省骑兵总指挥。1930年任黑河警备司令兼黑龙江省陆军步兵第三旅旅长。1932年2月，日军攻占哈尔滨后，马占山曾投降日本，就任伪黑龙江省省长，后又任伪满洲国军政部长。同年4月，马占山在黑河举兵反正，通电继续抗日，并揭露伪满内幕，任东北救国抗日联军总司令。1936年曾参与张学良、杨虎城发动的西安事变，后出任黑龙江省主席，率部坚持抗日。1949年1月，马占山与傅作义、邓宝珊等人一起接受中国共产党和平解放北平的条件，宣布起义。

车站北进，通过嫩江桥后，便向中国守军阵地发起猛攻，摧毁了大兴车站。马占山的卫队团徐宝珍部、张竞渡部奋起迎击，与敌人展开白刃战，连续打退敌人的多次进攻。到黄昏时，日军增至4000多人，在飞机、坦克和重炮掩护下发起进攻。入夜，日军又驾驶100多艘船只进行偷渡，等船快到岸边时，潜伏在江岸边芦苇内的中国军队突然开火，把日军打了个措手不及，仓促应战的敌军死伤数百。次日，日军以张海鹏的叛军为前锋，再度发动攻击，守军则抱着"与城偕亡"的决心，再次击退敌军。日军被迫承认"炮兵无法助战，战斗没有进展，陷于苦战之中"。这是九一八以来，日军进攻首次受挫。此后的战斗中，日军受到沉重打击，滨本支队几乎被全歼，高波骑兵队也伤亡殆尽。但守军士兵连战3天，也已经非常疲困。为保存实力，马占山只好下令将主力撤至三间房一线第二道防线，重新组织防御。

很快，大批日伪军又在飞机掩护下，向三间房发起进攻。当敌机连续俯冲扫射、轰炸时，140名守军士兵仰躺在地上形成一个方阵，等飞机飞临方阵上方，140支步枪同时开火。只听"轰"的一声巨响，一架日军飞机中了26枪，油箱起火，就此坠落。这一招令日军久攻不下，他们拼命调兵遣将，准备再次进攻。同时，日军

**历史掌故**

**东北民众抗日救国会**

　　1931 年 9 月 27 日，流亡北平的东北爱国人士在北平成立了东北民众抗日救国会。阎宝航、高崇民、卢广绩、杜重远、王化一、王卓然、黄显声等 27 人被推举为委员。救国会的宗旨是：组成抗日武装力量，抵抗日本军国主义侵略，捍卫国家领土完整。1933 年 5 月，东北民众抗日救国会被国民政府强令解散。

还使用外交讹诈手段对马占山进行施压，要求他立即下野、让出权力，并从齐齐哈尔撤退。对此，马占山予以断然拒绝。

　　然而，在日军大量兵力和精锐武器的包围与连续攻击下，守军很快就要弹尽粮绝。情急之下的马占山向各方求援，却得不到一处响应。无奈之下，马占山只得于18 日率部撤退。19 日晚，日军在付出了数千人伤亡的惨重代价后，占领了齐齐哈尔。

　　江桥抗战虽然失败了，但它打响了中国武装抗日的第一枪，极大地鼓舞了全国人民抗敌的信心。战斗一开

在雪地上集结、准备冲锋的马占山部官兵

始，马占山部就得到了国内外爱国人士和群众的有力声援、支援。各界人民纷纷捐钱捐物，慰劳前线官兵。学生组成援马团、义勇军等，踊跃要求参加抗日队伍。上海卷烟厂还特地制作了"马占山"牌香烟和牙粉，号召中华儿女同仇敌忾，共御外侮。

# 2. 义勇军名将邓铁梅

为抵抗日本侵略，由原东北军部分爱国官兵和各阶层人民自发组成的抗日义勇军，如雨后春笋般在东北大地迅速涌现出来：在辽宁，有辽宁省警务处长黄显声领导的辽宁抗日义勇军、邓铁梅和苗可秀组织的东北民众自卫军；在吉林，有李杜、冯占海率领的吉林省自卫军、王德林等指挥的吉林国民救国军；在黑龙江，有马占山领导的黑龙江省抗日救国军、苏炳文组织的东北民众救国军等。在很短时间内，东北各地义勇军快速发展到数十路、30多万人。他们袭击兵营、攻打城镇、拆铁道、炸桥梁、割电线，还歼灭了被日本鼓吹为"不可战胜"的古贺联队，搅得日军昼夜不得安宁。

东北民众自卫军是义勇军中实力最强、影响最大的一支。总司令邓铁梅，曾当过凤城警察大队长和公安局长。他对东北军的不抵抗极为不满，一怒之下，他回到凤城顾家堡联络部属乡亲，迅速组织起一支抗日武装，并被推举为总司令。

自卫军的第一仗选择了攻打他们最为熟悉的凤城县。1931年12月26日，一个寒冷的冬夜，按照邓铁梅的部署，自卫军兵分两路，一路进攻车站，一路摸进县城，攻打日本守备队和伪警察署。战斗打响后，自卫军及时将车站和城内的敌人分割包围开来，切断了他们的联系，使其首尾不能相顾，一举捣毁了伪县衙、警察署和日本特务机关平井药房，砸开监狱，救出大批被日伪逮捕的爱国人士。守卫的日军，天没亮就全部被解决了。在敌人的增援部队到来之前，自卫军顺利撤出了战斗。这一仗，共打死日伪军50多名，缴获步枪300多支、轻机枪3挺、迫击炮2门和大批弹药。此后，邓铁梅被东北民众抗日救国会委任为东北义勇军第28路军司令。在他的领导下，义勇军相继发起了智取三义庙、奇袭黄土坎、偷袭曲家店、进攻龙王庙、围攻大孤山、硬攻红花岭等重大战斗，沉重地打击了日军，一时间威震辽东，队伍也随之发展壮大到1.5万多人。

自卫军的活动使日军十分恐慌，为瓦解和消灭这

就义前的邓铁梅大义凛然

支队伍，日军企图拉拢邓铁梅并许以高官厚禄，但遭到邓铁梅严词拒绝。不甘心的日军又进行第二次"招抚"，结果阴谋再次失败，连劝降代表也被邓铁梅下令处决了。见诱降不成，恼羞成怒的日军就派出大批兵力，对抗区发动多次大规模的围剿，断绝了自卫军与群众的一切联系。邓铁梅在冰天雪地的山林中陷入重重困境，为保存实力，他决定把队伍改编成若干个支队，进行小股游击，继续战斗。后来，日军花10万元重金买通了邓铁梅的部属沈廷辅，趁邓铁梅在亲属家中养病之际，以探视为名劫走了他，把他交给了日军，并押往奉天警备司令部。日军对邓铁梅威逼利诱了半年，他都不为所动。在敌人的"法庭"上，他慷慨陈词，历数日军的侵华罪行，还写下了"五尺身躯何足惜，四省失地几时收"的豪迈诗句，表达出誓死报国的决心。1934年9月28日夜，邓铁梅被日军秘密杀害。1935年8月1日，中国共产党发表《为抗日告全国同胞书》，称邓铁梅为"民族英雄为国而捐躯"。

## *3.* 智勇双全杨靖宇

蓬勃兴起的东北各地抗日义勇军，因为没有统一的领导，以及成分复杂、缺乏援助等原因，结果在日军残酷的围剿和进攻下，在1933年后遭到了严重挫折。中共党组织由此认识到，统一的领导是取得抗战胜利的必要保证。中共满洲省委经过研究，决意在群众斗争中，创建由共产党直接领导的人民武装。不久，党组织选派杨林、杨靖宇、童长荣、冯仲云等党员、团员分赴东北农村，组织抗日游击队。这些游击队依托东北的山区林海，化整为零，与日军展开了艰苦卓绝、不屈不挠的游击战争。

守卫在辽西大虎山的义勇军战士

杨靖宇原名马尚德，1932 年年底，他将吉林磐石、海龙的农民武装改编成红三十二军南满游击队。第二年9月，东北人民革命军第一军独立师在磐石成立，杨靖宇任师长兼政委。1934年11月，独立师扩建成为东北人民革命军第一军。1935年3月，杨靖宇将军团结各路抗日队伍，创建起了以磐石为中心的游击根据地。

杨靖宇是一位智勇双全的优秀将领，他用兵如神，经常把日军打得摸不着头脑，被敌人称为"山林之王"。

1935年秋，第一军司令部所在的河里根据地被前来"讨伐"的日军团团包围。杨靖宇决定声东击西，迂回作战，突破重围。

他率领教导团150人，穿山越岭，一路向西进入柳河境内，突然向防守相对薄弱的当地守军发起猛攻。经过一场白刃战，毙敌数十名，缴获了150支枪和1门迫击炮。敌人发现杨靖宇在柳河破了他们的包围圈，便急令万余"讨伐"大军西移围堵。

敌人的如意算盘早被杨靖宇料到了，他率部西进一段后，又突然掉头扎向东南，穿越莽莽苍苍的长白山密林，行进数百里，离开了河里山区，将敌人的"讨伐"

大军远远甩在身后。随后，他把教导团分为两路，一路急行军向东直达辑安，出其不意地攻克防御松懈的敌伪据点榆树林子，毙、伤、俘敌 20 多人，缴枪 25 支，并缴获一大批棉布，解决了部队的冬装问题。杨靖宇自己则带领少数人马，西进桓仁，与第一师部队兵合一处。

日军为进行大"讨伐"，几乎出动了沈阳城的全部日伪军，整个辽南地区防御一时空虚。令敌人意想不到的是，杨靖宇竟敢远离自己的根据地，向千里之外敌人的大后方进行长途游击。他率队一路星夜兼程，利用熟悉地形的优势，专拣山路、险路和小路行进，向南跃进 400 里，一举攻下了辽东半岛的门户——宽甸县步达远街，直接威胁距此不远的沈阳城。紧接着，又忽然掉头折向西北，两天一夜急行军 200 多里，悄悄来到本溪城外，对郊外的日本碱厂发起偷袭。

被杨靖宇搞得晕头转向的日军空前紧张起来，害怕他接下来会突袭沈阳，慌忙命令"讨伐"的敌军回师部署防御，不让杨靖宇再"有机可乘"。就这样，伪奉天、安东两省 1935 年度的"秋季大讨伐"再也进行不下去

跟随杨靖宇的第 1 军警卫部队战士

了。1936 年 1 月上旬，杨靖宇率部胜利返回根据地。

从 1935 年 8 月至 12 月，杨靖宇孤军南征，在敌人控制严密的地区迂回行进 2 000 多里，东至中朝边境，南到辽南，西到本溪，处处打击敌人，创造了东北抗日游击战争史上的光辉篇章。

1936 年年初，东北抗日联军在东北抗日义勇军的余部、反日游击队和东北人民革命军的基础上组建起来，编成 10 个军、1 个独立师，共约 3 万人。东北人民革命军第一军改编为东北抗日联军第一军，杨靖宇担任第一军总司令兼政治委员。

## 历史掌故

### 东北区划沿革

1934 年，日伪将东北地区改划为 14 个省和 2 个特别市：安东省、奉天省、锦州省、吉林省、热河省、间岛省、黑河省、三江省、龙江省、滨江省、兴安东省、兴安西省、兴安南省、兴安北省，新京特别市、哈尔滨特别市。1939 年又改为 19 个省、1 个特别市。抗战胜利后，东北地区一度被国民党政府划分为 9 个省，简称"东九省"，分别是：辽宁省、吉林省、黑龙江省、嫩江省、安东省、松江省、辽北省、合江省、兴安省。1949 年中华人民共和国成立后，才将东北九省划分为辽宁、吉林和黑龙江三省，简称"东三省"。

日伪军将他视为眼中钉、肉中刺，对第一军反复进行"讨伐"。1940 年 2 月，杨靖宇在吉林濛江三道崴子被敌人包围，他与 600 名敌人周旋 5 昼夜，弹尽粮绝，于 23 日壮烈牺牲，年仅 35 岁。

杨靖宇牺牲后，日军残忍地将他割头剖腹，当发现这位抗日英雄的胃里只有棉絮和草根，竟没有一粒粮食时，侵略者也无不为之震惊。

# 4. 抗联女英雄赵一曼

## 滨江述怀

誓志为人不为家，跨江渡海走天涯。

男儿若是全都好，女子缘何分外差？

未惜头颅新故国，甘将热血沃中华。

白山黑水除敌寇，笑看旌旗红似花。

上面这首诗是抗联女英雄赵一曼在被捕后写给审讯他的日本军官大野泰治的，它是对侵略者暴行的最好答复。后来，大野泰治一直将写有这首诗的纸片保留到了日本战败。他在被关押改造期间交出了这首诗，当时他先是站起立正，向这张纸片敬了一个军礼，然后泪流满面地跪在地上忏悔。

他说："我一直崇敬赵一曼女士，她是真正的中国的女子。作为一个军人我愿意把最标准的军礼给我心目中的英雄；作为一个人，我愿意下跪求得赵女士灵魂的宽恕。"

究竟是怎样的一位中国女性，赢得了杀人不眨眼的对手的敬仰和忏悔呢？

赵一曼，原名李坤泰，四川宜宾人。1934年春，她被中共党组织派到哈尔滨以东的珠河县任铁北区委书记。此后，她积极组织当地群众做军鞋军衣支援抗战队伍，并建立农民游击连配合抗日部队作战，被当地群众亲切地称为"瘦李""李姐"。

赵一曼受过良好的军事训练，能文能武，胆识过人。她经常跨着一匹白马，腰里别着匣子枪，率部活动于哈尔滨以东地区，就连日伪报纸也惊叹地称她为"红枪白马"。

一天，一小队日军到铁北区来"讨伐"，赵一曼和队员们埋伏在敌人必经的山路旁，等敌人大摇大摆地进入伏击圈后，她大喊一声"打"，游击连的快枪、土枪便一齐开火，日本军官惨叫一声，一头栽到马下，其余敌人顿时大乱。这场伏击战大获全胜。

还有一次，东北人民革命军第四军第三团被伪军包围，激战了半天也突不出去，处境越来越困难。赵一曼得到消息后，率领游击连赶到，从敌人背后发起猛攻，打乱了敌人。三团乘势组织反击，胜利突围。

1935 年，赵一曼兼任东北人民革命军第三军第二团政治委员。这年冬天，她面对前来"讨伐"的日军，毅然带领一个班断后，掩护队伍突围。在激烈的枪战中，赵一曼左臂受伤，转移到山岭下一家农舍养伤。不幸的是，汉奸发现了赵一曼藏身的地方，日军和伪警察迅速包围了赵一曼的窝棚，在随后的战斗中，子弹打断了她的左腿骨，她在昏迷中被俘。

接着，敌人用牛车把赵一曼押往珠河县城，然后交给他们的上司大野泰治。大野觉得这次抓到的是个重要人物，决计亲自审问赵一曼。日军先用竹签扎她的手脚指（趾）甲缝，又用浸过盐水的皮鞭抽打她的伤口，却始终无法从这个弱女子口中得到半点消息。

赵一曼的爱国热情和顽强的斗争精神感动了身边很多人，看守董宪勋和护士韩勇义决定不顾一切救出她。1936 年 6 月 28 日深夜，赵一曼被抬出医院的后门，几个人乘车一同逃往宾县。

赵一曼与儿子合影

　　不幸的是，途中他们被敌人追上，赵一曼再次被捕。这一次，凶残的日本军警对她用尽了老虎凳、辣椒水、电刑等几十种惨无人道的刑讯。酷刑可以摧毁赵一曼的身体，却无法摧毁她坚强的意志。最后，大野泰治觉得赵一曼再无利用价值，决定把她押回珠河县处死示众。

在哈尔滨开往珠河的火车上，赵一曼给远在江南的7岁儿子匆匆写下了遗书：

宁儿！

母亲对于你没有能尽到教育的责任，实在是遗憾的事情。

母亲因为坚决地做了反满抗日的斗争，今天已经到了牺牲的前夕了。

母亲和你在生前是永久没有再见的机会了！希望你，宁儿啊，赶快成人，来安慰你地下的母亲！我最亲爱的孩子啊！母亲不用千言万语来教育你，就用实行来教育你。在你长大成人后，希望不要忘记你的母亲是为国而牺牲的！

1936年8月，赵一曼英勇就义。

第四章

# 局部抗战

## *1.* 淞沪抗战

VR融媒党史云课堂
党史学习就在我身边

为转移欧美各国对日本在中国东北侵略行径的注意力，关东军高级参谋板垣征四郎串通日本上海公使馆助理武官田中隆吉，又蓄谋"在上海搞出一些事来"，借机将上海变成侵略中国内地的新基地。

1932年1月18日，田中隆吉和日本女特务川岛芳子，唆使妙法寺5个日本僧人，到以抵制日货著称的上海三友实业社总厂围墙外，向正在厂内操练的工人义勇军投掷石块，寻衅滋事，还指使流氓将2名日僧打成重伤，并传言其中1人因伤重死在了医院。为将这把火点得更旺些，1月20日，二人又指使数十名暴徒，前往三友实业社进行"报复"，纵火焚烧三友毛巾厂，打死打伤中国警察，煽动数千日本侨民集会、游行，捣毁中国商店，殴打无辜行人。

次日，日方倒打一耙，指责中方的反日行为是酿成这次事件的祸根，由日本驻沪总领事向上海市政府抗议，并提出道歉、惩凶、赔偿和取缔排日活动等无理要求。同时，又以"保护侨民"为借口，向上海大量增兵。待一切准备就绪，日本于27日发出最后通牒，限中方于24小时内答复日方所提一切要求，否则日军将采取必要行动。

为平息事态，上海市长吴铁城于28日下午被迫接受了日方的全部要求。不料，当天晚上日方又突然变卦，致函要求中国军队撤出闸北。不等中方答复，日本海军陆战队就在午夜以20余辆铁甲车为前导，分三路突袭闸北，攻占了天通庵车站和上海火车站。

中国国民革命军第19路军第78师156旅则在总指挥蒋光鼐、军长蔡廷锴、淞沪警备司令戴戟的率领下，

## 人物故事

**川岛芳子** 川岛芳子本名爱新觉罗·显玗，汉名金壁辉，是清朝肃亲王爱新觉罗·善耆的第14个女儿。清朝灭亡后，她被善耆送给日本人川岛浪速做养女，从此更名为川岛芳子，前往日本接受军国主义教育。成年后，川岛芳子返回中国，长期为日本做间谍，历任伪满洲国安国军总司令、华北人民自卫军总司令等要职，被称为"男装女谍"和"东方女魔"。她曾先后参与皇姑屯事件、九一八事变、满洲独立运动等秘密军事行动，并亲自导演了"日僧事件"，从而引发了上海一·二八事变。1948年3月25日，她以汉奸罪被判处死刑，在北平第一监狱执行枪决。

当即予以还击，同日军展开了灵活机动的巷战。日军首轮进攻被打退，只得退回租界。通过英、美等国领事出面"调停"，日军与19路军达成停火协议，以缓兵待援。蒋光鼐、蔡廷锴也乘机急调第60师、61师入沪参战。

几天后，日本援军刚刚抵达上海，日军就迫不及待地于 2 月 3 日撕毁停火协议，再次向闸北发动进攻。19 路军士兵手执刺刀，跳出战壕，与敌人展开肉搏，再次打退了日军。7 日，日军改变攻击点，以混成第 24 旅团进攻吴淞，以海军陆战队进攻江湾。

19 路军依托长江三角洲的水网地带和构筑的工事，顽强抗击。60 名敢死队员将火油浸湿全身，身负重型炸弹，突然扑向日军阵地，使敌人阵线顿时崩溃。此刻，张治中率领第 5 军也赶到了上海，他们与 19 路军并肩作战，粉碎了敌人的第三次总攻。

2 月底，上海的日军总兵力已增至 9 万人，另有军舰 80 艘，飞机 300 架。3 月 1 日，日军发起全线攻击。中国军队腹背受敌，又孤立无援，不得不放弃庙行、江湾、闸北阵地，全军退守太仓、嘉定第二道防线。3 月 2 日，日军占领上海。3 日，在国际联盟的调停下，双方停战。24 日，中日代表在上海英领署举行停战谈判。5 月 5 日，中国被迫与日本签订《淞沪停战协定》，约定日军可长期驻留上海，中国军队则不能在上海及其周围驻守、设防。

一·二八淞沪抗战，中国第 19 路军、第 5 军以劣势装备抗御装备精良之敌，达 33 天之久，迫使日军三易主帅、数次增兵，沉重打击了日军的嚣张气焰。中国官兵伤亡 14 000 余人，而日军伤亡 3 000 多人，是日军在东北战场伤亡人数的 3 倍。

淞沪抗战得到了上海各界民众和全国人民的坚决支持。工人、学生、妇女、退伍军人，组成各种义勇队、敢死队、情报队、救护队、担架队、通讯队、运输队等，

19 路军追击狼狈逃窜的日军

开展战地服务，甚至直接参战。其中有一位汽车司机，他为了不给日寇运输攻打中国人的子弹，就猛踩油门，连车带人冲进了黄浦江，与日本兵同归于尽。

战斗激烈进行之际，上海突降大雪，19 路军几乎没有棉衣，将士只能身着单衣单裤，在冰天雪地里作战。武器装备也不足，特别是手榴弹供应不上。上海民众得知后，便紧急赶制土制手榴弹。由孙中山夫人宋庆龄和廖仲恺夫人何香凝等人发起的捐制棉衣运动，5 天内就缝制了 3 万多套棉衣，并及时送到前线战士手中。

她们还亲自组织募捐，创设国民伤兵医院，并到前线慰问官兵鼓舞士气。国内各界和国外华侨捐献款项达到 700 多万元，菲律宾华侨还捐购了 15 架飞机，一支由 200 多名华侨组成的抗日救国义勇军也迅速回国投入到保卫上海的战斗中。

## 2. 保卫山海关

山海关，位于万里长城的东端，背靠燕山，面临渤海，地势险要，处于东北和华北的咽喉要冲，自古以来战略地位就极其重要，被称为"天下第一关"。

九一八事变后，日军开始在山海关增兵。1933年元旦之夜23时，日军故伎重施，先由驻山海关铁路守备队在自己的司令部门前和附近投掷炸弹，鸣枪数次，然后贼喊捉贼，一面向山海关的驻军——东北军独立第9旅旅长何柱国提出抗议，一面借机向南关和车站进攻，并电请关东军和天津驻屯军前来增援。

当晚，来犯的日军被中国守军击退。第二天凌晨，日军又向中方提出南关归日方警戒，撤退南关驻军、南关警察和保安队，以及城上守兵4项无理要求。遭到中方拒绝后，日军便强占南关车站，并将中国警察缴了械。上午9时，日军守备队开始攻城。守城军将攀登城墙的日军击退。随后，日军又出动3 000余人，在飞机、火炮和坦克的掩护下，向山海关发起猛攻。守军坚守城门，沉着应战，打退了敌人一波又一波进攻。日军久攻不下，只得灰溜溜退去。

3日上午，不甘失败的日军派出更多兵力，甚至出

沦陷后的山海关

动军舰，在多架飞机的轮流支援下，对山海关南门展开了更为猛烈的进攻，大有炸平山海关之势。中国守军虽然武器落后，却寸土不让，以步枪、机枪、迫击炮和手榴弹顽强还击。下午2时，日军发动总攻，炮火更为猛烈，城内多处起火。最终，南门守兵全部战死，东南城角被攻破。团长石世安率领预备队与日军坦克进行殊死巷战，除十几人突围外，大多数壮烈牺牲。至此，山海关失陷。

山海关保卫战，中国守军第9旅第1团不足2 000人，与强敌激战3天，官兵伤亡过半。其中1营营长安德馨与全营官兵在炽烈的炮火下，与敌人进行了殊死搏斗，誓与关城共存亡，最后300人英勇殉国。

随即日军迅速占领五里台、九门口，控制了通关要道。同时，日军加紧集结兵力，做好了侵犯热河的军事准备。2月17日，关东军司令官武藤信义正式下达了进攻热河的作战命令。

23日，日本玩弄惯用伎俩，由驻华使馆向中国政府外交部提交备忘录，声称热河不是中国的领土，中国军队必须在24小时内离境，遭到中国当局的断然拒绝。当天，关东军出动3个师团及伪军数万人的兵力，分三路向热河大举进攻。

战前，担任北平军分会代理委员长的张学良为抵抗日军对热河的侵略，做了初步的军事部署，成立了2个

**历史掌故**

**塞北四省**

热河省、察哈尔省、绥远省、宁夏省并称为中华民国塞北四省。其中，热河省位于今天的河北省、辽宁省和内蒙古自治区交界地带；察哈尔省位于今天的河北省西北部和内蒙古锡林郭勒盟，以及乌兰察布盟的一部分地区；绥远省则位于今天的内蒙古自治区中部。中华人民共和国成立后，察哈尔省、绥远省和热河省相继被撤销，原所属行政区域分别划归河北省、山西省、辽宁省和内蒙古自治区。

集团军，驻守兵力达 8 万多人。热河又多为高原山地，到处是崇山峻岭，易守难攻。

按理说中国守军并不处于劣势。但战斗开始后，由于中国军队战斗力不强，又得不到南京政府的有力支援，除少数部队顽强抵抗外，大部分守军稍战甚至不战而退。热河省省长、第 2 集团军副总司令汤玉麟本该守土尽责，但大敌当前他却丢下军队，征调 200 多辆军用汽车将私人财产和鸦片转移到天津租界，自己则匆匆逃往滦平。主帅都跑了，他的部队自然溃不成军。3 月 4 日，日军以骑兵 128 人兵不血刃地进入了热河省会承德。

仅仅十几天,阔达 19 万平方千米的热河就全部落入敌手,东北全境亦随之沦陷殆尽。

# 3. 激战喜峰口

为摆脱国际联盟聊胜于无的束缚,1933 年 3 月 27 日,日本宣布退出国际联盟。此后,日本的侵华行动更加肆无忌惮。占领热河全境后,日军继续以第 8 师团为

主力，加上数万伪军，分兵向古北口、喜峰口、罗文峪、冷口、界岭口、义院口等长城主要隘口推进。中国军队约 25 万人沿长城一线布防，主要有东北军的王以哲、万福麟、何柱国 3 个军，晋军将领商震率领的第 32 军，宋哲元的第 29 军和徐庭瑶的中央军第 17 军等。其中宋哲元、徐庭瑶两部战斗力较强。

从 1933 年 3 月上旬至 5 月下旬，华北守军在长城内外与装备精良的日军进行了长达 70 多天的浴血奋战，最终不敌日军。日军突破了古北口、冷口、界岭口，越过长城，占领滦东地区，随即又占领了滦县、遵化、玉田、平谷、蓟县、三河等县城。长城抗战以失败告终，中国军队付出了巨大代价，初步统计伤亡达 18 000 多人。

长城抗战是继一·二八淞沪抗战以后，中国军队对日本侵略者的又一次有力回击，延缓了日军进一步向华北腹地的进攻。战

在罗文峪布防的中国军队

役结束后，中方再次妥协，于 5 月 31 日与日本签订了《塘沽协定》，事实上承认了日本占领东三省和热河省的"合法"性，河北东部和察哈尔北部的大片国土落入敌手，华北门户洞开。这标志着日本侵略中国东北计划的完成，也预示着日军进一步侵略华北的开始。

长城抗战虽然失败了，但它在中华民族抗战史上却留下了许多可歌可泣的英雄故事。

在古北口战役中，第 17 军第 25 师师长关麟征在战斗中受伤，由代师长杜聿明继续指挥战斗，共与敌人血战 3 昼夜。战斗刚开始时，第 145 团向帽山高地派出了一个 7 人的侦察哨，激战中由于联络中断，这 7 人没有接到撤退命令，便始终在阵地坚守打击敌人。日军调来飞机大炮，对高地重炮猛攻，7 位勇士则居高临下，利用地势顽强机智地抵抗，子弹打光了，就用石头砸，用枪托、刺刀和鬼子肉搏，毙敌 100 多人，最后全部壮烈牺牲。日军原以为高地上至少有几十人把守，当他们发现只有 7 个中国军人时，大为震惊与敬佩。于是，他们便挖了个大坑，恭恭敬敬地将 7 人合葬，还在坟前立了

大刀队在喜峰口准备冲锋杀敌

一块木牌，写上"七勇士之碑"的字样。

在喜峰口战役中用大刀砍杀鬼子的第29军"大刀队"更是美名传扬。

29军由冯玉祥的原西北军改编而成。西北军素有刻苦训练的光荣传统，军长宋哲元不到两年就把一支残破的军队训练得有声有色。士兵们每人身背一支步枪和一把大刀，这些大刀都是自造的长柄、宽刃、刀尖倾斜的传统中国大刀，利于劈杀。负责训练的副军长佟麟阁亲自到北平聘请武术名家当教练，为29军专门设计了一套实战性强、可作刀劈、可当剑刺的刀法，让士兵们每天刻苦操练。

在对日作战中，这些大刀发挥了奇效。3月9日，日军攻占喜峰口第一道关门后，29军士气高昂，爱国热忱高涨，军长宋哲元则喊出了"宁为战死鬼，不做亡国奴"的响亮口号，决心与日寇血战到底。宋哲元率29军在当天黄昏跑步抵达喜峰口增援，与日军混成第14旅展开激战。士兵们手持大刀与敌人短兵相接，近身格斗，胶着成一团，使日军的飞机、火炮无法使用，阵地几次易手，双方都伤亡惨重。

杀到3月11日，日军被迫退到长城以外稍事休整。宋哲元认为这是偷袭敌人的大好机会，便命37师的赵登禹旅和张自忠率领的38师佟泽光旅于当夜秘密出发，从两翼包抄日军后方的骑兵和炮兵阵地。

12日凌晨，赵登禹身先士卒，率先冲入日军驻地。将士们挥舞着大刀，向毫无准备的敌人头颅上砍去。鬼子在睡梦中有的被砍头，有的被剁腹，有的被手榴弹炸死，部分炮兵阵地被毁。一时间，鬼子都尝到了大刀的厉害，尸横遍野。我军大获全胜，天亮后，两支部队安全撤回关内。

捷报传来，大大振奋了全国人心。在卢沟桥抗战中，这支大刀队同样发挥了威力。年轻的作曲家麦新，根据他们的事迹创作出了《大刀进行曲》，其中"大刀向鬼子们的头上砍去！"一句，唱出了全国人民决心痛击日本鬼子的心声。

# 4. 察哈尔抗战

长城抗战的失败，使日军得以进逼察哈尔和热河边境，直接威胁张家口，进而威胁京津地区的西大门。

1932 年 10 月，在泰山隐居的原西北军爱国将领冯玉祥基于民族大义，来到张家口组建抗日队伍。1933 年 5 月 26 日，察哈尔民众抗日同盟军正式宣告成立，冯玉祥自任同盟军总司令。他在就职通电中揭露了国民党政府的妥协政策，表示一定要率领同盟军"收复失地，争取中国之独立自由"。

除西北军旧部外，方振武的抗日救国军、察哈尔当地武装、从北热河溃退的东北义勇军、土匪会党，以及北平、天津和太原等地的学生和青年，甚至蒙古族地方武装，都纷纷汇聚到冯玉祥将军麾下。此外，同盟军还暗中吸收了大批共产党员，很快就发展到 10 多万人。

为解决部队的粮食、武器、弹药等军需困难，冯玉祥带头抵押了在张家口的房产，制作了 1 万件皮坎肩为将士御寒。不少将领也把自己的私人财产捐出来，充作军费。

6 月 15 日，同盟军在张家口召开了第一次军民代表大会。大会宣布抗日同盟军"为革命军民之联合战线，以外抗暴日，内除国贼为宗旨"，"否认一切卖国协定，并反对任何方式之妥协"，对日绝交，"誓以武力收复失地"。大会宣布成立了察哈尔民众抗日同盟军军事委员会，推举冯玉祥、方振武、吉鸿昌等 11 人为常委，委员 35 人，冯玉祥任主席兼总司令。

会后，冯玉祥任命吉鸿昌为北路前敌总指挥，方振武为北路前敌总司令，率部向察哈尔北部挺进，先后收复了康保、宝昌和沽源 3 县，又乘胜直捣察东重镇多伦。多伦是冀、察、蒙三省之间的交通枢纽，又是塞外的商业中心和军事要地，日军把它视为攻掠察哈尔和绥远两省的战略据点。

7 月 7 日，收复多伦之战打响，战斗进行得异常激烈，同盟军久攻不下。10 日晚，吉鸿昌亲自率领敢死队连续攻城。但无奈敌人有飞机助战，同盟军 3 次登城都没成功，伤亡很重。12 日，吉鸿昌调派精兵 40 多人乔装改扮成伪军，潜入城内。入夜，吉鸿昌在城外再次组织猛攻，与城内精兵里应外合，终于攻入城内。又经过

察哈尔民众抗日同盟军收复多伦

### 人物故事

**吉鸿昌** 吉鸿昌原名吉恒立，河南省扶沟县人。他 1913 年进入冯玉祥部，1932 年加入中国共产党。察哈尔民众抗日同盟军解体后，吉鸿昌被迫转入地下，在北平、天津等地继续从事抗日活动。1934 年 5 月，吉鸿昌在天津参与组建了"中国人民反法西斯大同盟"，被推选为主任委员，秘密印刷《民族战旗》报，宣传抗日，联络各方，准备重整抗日武装。11 月 9 日，他在天津法租界遭到军统特务暗杀，受伤后被法国工部局逮捕，随之被引渡到国民党北平军分会。24 日，经蒋介石下令，吉鸿昌被杀害于北平陆军监狱，时年 39 岁。临刑前，他在刑场的土地上以手为笔，写下了一首气贯长虹的就义诗："恨不抗日死，留作今日羞。国破尚如此，我何惜此头。"

3 个多小时的巷战，日伪军仓皇由东门逃跑。失守 72 天的多伦，经过 5 昼夜浴血鏖战，终于被同盟军夺回。

至此，察东 4 县全被收复，同盟军共击毙日伪军

1 000 多人。这是九一八事变以来，中国军民破天荒地从日伪军手中夺回失地。各地群众、爱国团体纷纷致电祝捷，踊跃捐款捐物慰劳抗日同盟军。27 日，冯玉祥成立收复东北四省计划委员会，并担任委员长，通电表示"职责所在，全力赴之"。

蒋介石抗战无能，却断然不能容忍这种公然"自立山头"的行为，特别是同盟军中还有不少共产党员参与策划，更加使他感到威胁。于是蒋介石公开声明不承认同盟军的合法地位，并断绝内地与察哈尔的一切联系，禁止枪弹、粮食、医药进入察哈尔。在做好军事围剿准备的同时，又派出大批政客、间谍，前往同盟军各部进行分化和收买。而同盟军在攻占 4 县后，因缺少粮食弹药，又无钱无衣，处境非常艰难，已无力再继续进攻。冯玉祥处在国民政府和日伪的夹击之中，不得不于 8 月 5 日宣布解散同盟军司令部，辞去同

吉鸿昌亲书父亲遗嘱"作官即不许发财"的纪念碗

盟军总司令，再次退隐泰山。同盟军大部分被国民政府收编或瓦解，余部在方振武、吉鸿昌的率领下继续坚持抗日反蒋，直到 10 月中旬失败。

# 5. 百灵庙大捷

1936 年 5 月，在日本特务、顾问的直接参与下，被日本收买的蒙古德穆楚克栋鲁普亲王，即德王，认贼作父，纠集内蒙古各盟旗代表和亲日派骨干宣布成立了"蒙古军政府"。日本关东军同德王商定，共同发动军队进攻贯通华北与西北的重要战略要塞绥远省。11 月，日军在嘉卜寺召开侵绥军事会议，决定以土匪头子王英、李守信两部为主力，进犯绥远。当时担任绥远省政府主席兼第 35 军军长的傅作义，拒绝了来自日方的多次威逼利诱，一方面积极部署军队，一方面对各界发表讲话，以表自己守土抗日的决心。

15 日，关东军内蒙古特务机关长田中隆吉指挥日伪军 5 000 余人，以绝对优势兵力突然压向红格尔图。

红格尔图是绥远东北的门户，是日伪军进攻绥远的必经之地。日伪军在飞机、大炮的掩护下，轮番发起猛攻。守军奋勇抗击，一次次打退敌人，激战 3 昼夜，虽伤亡惨重，却使日伪军无法前进半步。战斗一开始，傅作义就亲自来到集宁前线督战。他命令师长彭毓斌和旅长董其武带领部队连夜驰援红格尔图。董其武率部于 18 日夜，出其不意地包围并袭击了敌伪军指挥部。而彭毓斌则率骑兵迂回敌后，堵截增援之敌。守军趁机出击，内外配合，两面夹击敌人。仅用了 3 个小时，敌军就全线崩溃，田中隆吉和王英慌忙坐上汽车逃之夭夭。

红格尔图保卫战，历时 7 天 7 夜，中国军队共歼敌数千人，大大鼓舞了士气，为下一步攻打百灵庙扫清了障碍。

百灵庙是绥远乌兰察布盟草原上一个有名的寺院，四面环山，地势险要，日寇和蒙奸都把这里当作他们的侵略巢穴。

傅作义决定先敌人而动，以远距离奔袭战术出敌不意地收复百灵庙。他召开紧急军事会议，集中 3 个骑兵

傅作义将军

团、3个步兵团及炮兵、装甲车分队一部，由骑兵第2师师长孙长胜、步兵第211旅旅长孙兰峰，分别担任前敌正、副总指挥。22日，各部队到达指定的集结地点。23日黄昏，全体官兵斗志昂扬地出发了。当时正值寒冬，北方的气温很低，路上还有很深的积雪，行军十分吃力。但官兵们克服困难，按时赶到了敌人的前沿阵地，并突然发起进攻。日伪军对此毫无察觉，直到听见枪声才从睡梦中惊醒，慌乱地进入阵地，仓皇抵抗。

为防止天明后敌人的援军赶到，我军于拂晓前全力发起总攻。在猛烈的炮火和装甲车的配合下，突击部队冲破敌人阵地，一举围歼了退回庙内的敌军。伪军中不愿卖命的士兵也在阵前掉转枪口，反戈一击，敌军顿时大乱，投降的投降，逃跑的逃跑，我军全歼敌人1300

余人，一举收复了百灵庙。

傅作义料定敌人不会善罢甘休，就在百灵庙留下1个营，诱敌深入，主力则撤回到原先集结的地方，静待全歼敌人的时机。12月3日，敌人果然派兵反扑。经过1天的激战，我军再次歼敌700多人。此后，他们又乘胜收复了百灵庙以北的日伪根据地——大庙。这一仗，德王的第7师全部被击溃，王英的5个旅中有4个旅长带部投降。

百灵庙大捷，是中国军队自1933年长城抗战以来取得的第一次全面胜利，它挫败了日军西侵绥远、建立伪蒙古国的阴谋。

战役胜利的消息迅速传开，全国掀起了轰轰烈烈的援绥运动。海内外各界群众立刻举行募捐活动，拍电报、发贺信庆祝胜利。北平和天津的学生开展了"万件寒衣"运动，为前线战士赶制衣裤。不少文化团体和文艺界知名人士奔赴绥远战场，进行慰问演出和战地宣传。

中共中央和毛泽东也高度评价傅作义将军发起的绥远抗战，称其是"全国抗战之先声"。

第五章

# 抗日救亡风暴

VR融媒党史云课堂
党史学习就在我身边

## 1. 中共吹响抗日号角

九一八事变爆发后，中国共产党率先明确提出了坚决对日抗战的主张，吹响了抗日号角。中共满洲省委连夜召开会议，分析形势，讨论应对的方针和政策，并在事变发生的第二天就发表了《为反对日本帝国主义武装占领满洲宣言》。

中共中央也在 1931 年 9 月 20 日发表了《中国共产党为日本帝国主义强暴占领东三省事件宣言》，揭露日本帝国主义的侵华野心和南京国民政府的不抵抗政策，响亮地提出"反对日本帝国主义强占东三省"的口号，表

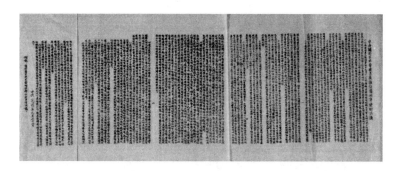

《关于日本帝国主义强占满洲事变的决议》

明了抗日救国的坚定立场。22日，中共中央做出《关于日本帝国主义强占满洲事变的决议》，提出要武装民众，发动游击战争。

随后，中共中央和满洲省委又连续做出一系列宣言和决议。毛泽东在江西瑞金城郊东华山起草了《中华苏维埃共和国临时中央政府宣布对日战争宣言》，并于1932年4月15日对外发表。这标志着中国共产党领导的苏维埃政府公开对日宣战。

与此同时，全国掀起了轰轰烈烈的抗日救亡运动。九一八事变一爆发，北平、上海、南京、天津、杭州、长沙、西安、武汉、广州、南昌等地的青年学生，就组织起各种抗日救亡团体和义勇军，集会游行，宣传抗日，要求国民党政府停止内战，一致对外，武装民众，出兵抗日。9月下旬，全国各地学生代表汇集南京，发起向国民政府请愿运动。28日，在南京冒雨请愿的学生痛打了国民政府外交部长王正廷。蒋介石无奈之下，于第二天接见了学生们，并做出抗日的口头承诺。

为督促蒋介石抗日，请愿学生又发起"送蒋北上"运动，继续到国民政府门前请愿。11月的南京雨雪交加，群情激昂的学生们不顾风雨饥寒，站立一天一夜，一些生病和体力不支的学生，即使倒在地上也不愿离开。12月17日，在南京的几万名学生举行了大规模的联合总示威，但遭到了军警手持步枪、刺刀和木棍镇压，当场打死30多人，打伤100多人，很多人被拘捕，史称珍珠桥惨案。国民党反动派这一暴行，激起了全国人民的极大愤慨。

九一八的枪炮声震颤着每个爱国者的心。宋庆龄迅速发表宣言，抨击国民党镇压抗日爱国的学生运动。何香凝亦在上海举办救济国难书画展览会，义卖作品700余件，为抗日筹款2万余元。

广大工人同样发挥了重要作用。9月24日，上海35 000名码头工人展开了反日大罢工，拒绝为日本船只装卸货物。北平、天津、南京、广州、武汉、青岛、太原、长沙、汉口、重庆、桂林、汕头等地各行各业的工人，亦随之纷纷举行罢工，组成工人抗日救国会，积极投身到抗日救亡的洪流中。

文化界也勇敢地行动起来。在中国共产党领导下的中国左翼作家联盟，及时发表《告国际无产阶级及劳动民众的文化组织书》，抗议日寇侵略暴行，呼吁革命的人

蒋介石接见赴南京请愿的学生代表

## 历史掌故

### 中国左翼作家联盟

中国左翼作家联盟，简称左联，是中国共产党于1930年3月2日在上海领导创建的一个文学组织。左联成立后，在党的领导下，积极从事马克思主义宣传和革命文艺创作等活动，掀起了颇具声势的左翼文化运动。鲁迅是左联的旗帜人物，其他重要成员包括：茅盾、郭沫若、陈荒煤、戴望舒、端木蕻良、胡风、柔石、郁达夫、丁玲、夏衍、田间、周立波、聂绀弩、萧三等。左联先后创办的刊物有《萌芽月刊》《拓荒者》《巴尔底山》《世界文化》《前哨》《北斗》《十字街头》《文学新地》等。

民奋起抗日。他们出版刊物，拍摄电影，创作小说、戏剧、诗歌、音乐，以文学与艺术等各种形式进行抗日宣传。

著名戏剧家、诗人田汉为电影《风云儿女》创作了主题歌《义勇军进行曲》的原版歌词，还没来得及修改完善，他就被国民党当局逮捕入狱。聂耳得知田汉被捕后，主动要求为主题歌谱曲。当他看到歌词时，热血一下子沸腾了。

在上海霞飞路的居室里，他通宵达旦地奋战两昼夜，满怀激情地完成了曲谱的初稿。这首《义勇军进行曲》，强烈激发起全国人民的爱国热情和抗敌斗志，传唱不朽，后来还成了中华人民共和国的国歌。

　　海外同胞也时刻牵挂着祖国的危难。有着深厚爱国思想基础和传统的华侨，对日寇的侵略暴行立刻做出反应，发表宣言敦促国民政府切实抗战，开展抵制日货运动，组织热火朝天的募捐行动。不少留学生甚至投笔从戎，回国奔赴抗日前线。

全国掀起抵制日货运动，图为广州民众焚烧日货

# 2. 福建事变

长期以来，蒋介石政府一贯执行着"攘外必先安内"的国策。"安内"，就是要消灭中国共产党领导的革命根据地和革命武装，以及消灭国民党内部反对蒋介石的异己力量。"攘外"方面，对日本的挑衅和得寸进尺，蒋介石则更多地寄希望于国际社会的调停和世界舆论的压力，因此在日本侵略初期采取了不抵抗政策和妥协政策。

蒋介石政府的对日态度激起了全国各阶层人民，以及国民党军队爱国官兵的强烈不满和反对。在淞沪抗战中表现英勇的19路军，停战后被蒋介石调往福建"剿共"，在与红军的作战中不断遭到失败，厌战情绪与日俱增，抗日反蒋的要求也越来越强烈。19路军总指挥蒋光鼐、军长蔡廷锴曾经参加过北伐战争，富有爱国思想，在国家民族危亡之际不愿意掉转枪口打自己人。与此同时，原19路军领导人陈铭枢也在积极联络国民党内的一些反蒋势力，秘密策划兵变。

1933 年 11 月，李济深、陈铭枢、陈友仁及南昌起义领导人叶挺、冯玉祥将军的代表等一大批知名人士云集福州。20 日，19 路军官兵和当地各界群众 2 万余人，手持彩色的小旗，排着整齐的队伍聚集到福州南校场，举行中国全国人民临时代表大会。大会开始前，19 路军新筹建的空军部队驾驶飞机在低空盘旋，做特技表演，引起一阵阵掌声和口号声。

随后，大会主席团宣读了《人民权利宣言》，公开宣布与国民党、蒋介石决裂。当蔡廷锴将军亲手将一面红、蓝、黄三色旗帜升起时，南校场上顷刻间欢声雷动。会后，当地军民还举行了声势浩大的示威游行。

当晚，在 19 路军总部召开了主席团会议，决定将新国家定名为中华共和国，定 1933 年为中华共和国元年，首都设在福州。会议决定成立中华共和国人民革命政府，推选李济深为主席，李济深、陈铭枢、陈友仁、蒋光鼐、蔡廷锴、徐谦、黄琪翔等 11 人为委员。

22 日，中华共和国人民革命政府正式宣告成立，又称福建人民政府。这次事件被称为福建事变。福建人民

中国全国人民临时代表大会代表合影

政府提出在政治上"打倒日本帝国主义","打倒蒋介石和卖国残民的南京政府";在经济上"实现关税自主","计口授田","发展民族资本,奖励工业建设";在军事上撤销绥靖公署,成立了人民革命军第一方面军总司令部,由蔡廷锴担任总司令兼19路军总指挥。福建人民政府与中共进行了初步合作,签订了抗日反蒋协定。共产党先后派出张云逸、潘汉年为驻闽代表。

福建事变使蒋介石大为震怒,他亲自担任"讨逆军"总司令,立刻调集15万大军,以海陆空三军配合之势向

福建发起进攻。与此同时，他还用高官厚禄暗中收买 19
路军军官临阵倒戈。福建人民政府则兵分三路痛击进犯
之敌，但终因兵力对比悬殊，于 1934 年 1 月宣告失败。
李济深、蒋光鼐、蔡廷锴、陈铭枢等随后流亡香港，19
路军也被南京政府收编、解散。

　　福建事变虽然很快就失败了，但在民族危急关头，
蒋光鼐、蔡廷锴、陈铭枢、李济深等人在国民党内部率
先举起抗日反蒋的大旗，表现出鲜明的民族立场和爱国
主义精神，有力地推动了全国的抗日救亡运动，也为抗
日民族统一战线的建立积累了宝贵的经验教训。

# *3.* 一二·九运动

　　《塘沽协定》签订后，日本又加紧了对华北的蚕食。
当时华北地区包括山西、河北、察哈尔、绥远、山东五
省和北平、天津两市，总面积有 100 多万平方千米。华
北资源丰富、工业发达，日本早就垂涎欲滴。通过密谋
和策划，日军在天津和河北等地频频制造种种借口，挑

起一系列事端，以武力相威胁，最终迫使国民政府接受和达成了《秦土协定》与《何梅协定》，把包括北平、天津在内的河北、察哈尔两省大部分主权奉送给日本。

之后，日本又大力收买汉奸，鼓动"防共自治运动"，策划成立了由其直接控制的"冀东防共自治政府"等傀儡政权，在华北展开全面的政治、军事、经济、文化侵略，妄图使华北五省脱离国民政府，变为第二个"满洲国"，实现其不战而攫取华北的目的。

## 事实真相

《秦土协定》 1935年6月27日，察哈尔省代理主席秦德纯与日本关东军特务机关长土肥原贤二在北平举行谈判，签订了《秦土协定》，主要内容为：(1)驻于昌平和延庆一线的宋哲元部队，调至其西南地区；(2)解散排日机构；(3)处罚张北事件负责人；(4)制止山东移民通过察哈尔省；(5)从日本招聘军事及政治顾问；(6)援助日本特务机关的活动及军事设备的建立等。《秦土协定》的签订，使中国丧失了在察哈尔省的大部分主权，也丧失了察省疆土的70%～80%。

北平学生与军警在街头搏斗

　　华北事变使中华民族陷入空前严重的民族危机，激起了北平人民的极大愤慨。爱国的青年学生们又一次站在了全国抗日救亡运动的前列。特别是北平学生，他们发出了"华北之大，已经安放不下一张平静的书桌了！"的强烈呼声。

　　1935 年 11 月 18 日，在中共北平临时工作委员会的领导下，北京市大中学校学生联合会宣布成立。学生运动大规模地开展起来，并迅速走向高潮。就在这时，传来了国民政府为满足日本"华北特殊化"，将于 12 月

9 日成立"冀察政务委员会"的消息。爱国学生顿时满腔愤怒，北平学联立即决定届时举行大请愿活动。

12 月 9 日一早，古老的北平城怒吼了！数千名爱国学生顶着凛冽的寒风，从四面八方涌上街头。他们冲破军警的封锁和阻拦，汇集到国民党军事委员会北平分会所在地新华门，高呼"停止内战，一致对外""打倒日本帝国主义""反对华北五省自治"等口号，要求代理委员长何应钦出来对话，并派学生代表向国民政府提出了反对华北自治、公布对日外交政策、停止内战等 6 项要求。

何应钦却避而不见。学生们见请愿不成，马上决定改为示威游行。当游行队伍前进至王府井大街时，早已就位的军警打开水龙头向学生们喷射，学生们冒着冰冷的水柱，坚定地继续前进。军警们又挥动皮鞭、大刀和木棍，殴打学生。在搏斗中，有 100 多个学生受伤，30 多人被捕。10 日，北平学生在北平学联的领导下开始总罢课。

16 日，北平学联组织了声势浩大的示威游行。游行

队伍打着横幅标语，高唱《义勇军进行曲》，从四面八方
涌向天桥，举行 3 万余人的市民大会，通过了"不承认
冀察政务委员会""反对华北任何傀儡组织""收复东北
失地"等 8 个决议案。会后，游行队伍奔向冀察政务委
员会预定成立的地点——东交民巷的外交大楼，举行总
示威，路上再次遭遇军警镇压，300 多人受伤，数十人

## 事实真相

**《何梅协定》**　1935 年 5 月，日本又一次向中国政府提出
对华北统治权的无理要求，国民政府再次屈服。5 月 29 日，
华北军分会代理委员长何应钦与日方代表开始秘密谈判。
6 月 9 日，日本华北驻屯军司令官梅津美治郎向何应钦提
出备忘录，限 3 日答复。何应钦于 7 月 6 日正式复函梅
津美治郎，表示对"所提各事项均承诺之"，接受日方要求。
何梅二人往来的备忘录和复函被称为《何梅协定》，其主
要内容是：取消国民党在河北及平津的党部；撤退驻河
北的东北军、中央军和宪兵第 3 团；撤换国民党河北省
主席及平津两市市长；取缔河北省的反日团体和反日活
动等。这个协定实际上是放弃了华北主权，为日本发动
全面侵华战争敞开了大门。

遭到逮捕。

北平学生的爱国行动，迅速席卷长城内外、大江南北。天津、上海、南京、武汉、广州、杭州、西安、开封、济南、太原、长沙、桂林、重庆等城市的爱国学生、工商界人士和市民，相继举行集会和示威游行，陕甘苏区的学生联合会和群众也发出声援通电。18 日，在中国共产党领导下的中华全国总工会致书全国工人，号召工

广西各界民众大游行

人们组织起来，声援北平的学生运动。

1936 年春，为建立统一的抗日文化战线，中国左翼作家联盟宣布自动解散。10 月 1 日，鲁迅、郭沫若、茅盾、巴金等 21 位文化界代表人物，联合发表《文艺界同人为团结御侮与言论自由宣言》，明确提出："在文学上，我们不强求其相同，但在抗日救国上，我们应团结一致以求行动之更有力。"

平津学生联合会还组成南下扩大宣传团，到华北广大农村进行抗日宣传活动。在此基础上，平津学生又组建起中华民族解放先锋队，向全国各地如火如荼地发展开去，为即将到来的全国抗战做了重要准备。

# 4. "七君子"事件

1936 年 11 月 22 日深夜，寒冷和恐怖笼罩着整座上海城。突然，一辆辆警车从上海市警察局的大铁门里鱼贯驶出，他们是奉"南京密电"去执行一项秘密任务的。

当夜，上海市警察局共派出 8 个特务小组，会同英租界的捕房密探，分别敲响了沈钧儒、章乃器、邹韬奋、李公朴、陶行知、王造时、沙千里等人家的大门。在没有拘票的情况下，警察局非法逮捕了他们（陶行知因出访国外躲过一劫，史良于 12 月 30 日自动到案）。随后将他们移解苏州，关押在江苏高等法院看守所。

被捕的这 7 个人，是全国各界救国联合会的领袖。一二·九运动以后，北平、上海、天津、武汉等地陆续成立了群众性的各界救国会组织。随着形势的发展，各地各界救国会迫切感到需要结成全国性的救国阵线，以便统一行动，造成更大的声势。

1936 年 6 月 1 日，来自全国 20 余省市 60 多个救亡团体的代表 70 多人，在上海成立了全国各界救国联合会，简称全救会。大会讨论通过了《全国各界救国联合会成立大会宣言》《抗日救国初步政治纲领》等重要文件，以团结全国救国力量，统一救国方针，保障领土完整，图谋民族解放为宗旨。沈钧儒、章乃器、李公朴、史良、沙千里、王造时等十几人当选为常务委员和执行委员。

"七君子"狱中题字

全救会成立后，联合会主要领导人即亲自到南京请愿，要求停止内战，立即对日作战，开放民众救国运动；组织、举行游行示威，支援工人罢工，呼应中共提出的停止内战、组成抗日民族统一战线的主张。他们尖锐地指出：这些事做到了，"内"不必"安"而自"安"！

全救会的活动惹恼了当时急于清共的国民党政府，也得罪了日军，日本驻沪领事紧急约见国民党上海市政府秘书长，要求逮捕全救会成员。于是，气急败坏的国民党当局遂以"危害民国罪"，将7位全救会领袖逮捕入狱。当时，全国许多报纸把他们称为"七君子"，并把蒋介石政府强加给他们的所谓案件称作"爱国无罪案"。

"七君子"无罪获释离开苏州法院前的合影，左起为王造时、史良、章乃器、沈钧儒、沙千里、李公朴、邹韬奋

面对"七君子"的正气凛然和光明磊落，国民党办案人员侦无可侦，讯无可讯，不得不将他们延长羁押2个月。直到法定侦查期满的最后一天晚上，检察官才赶制出一份"起诉书"。这份"起诉书"又臭又长，在诬陷和歪曲的基础上，东拼西凑地捏造出所谓"十大罪状"，随后在苏州两次开庭，对"七君子"进行审讯。

针对这些莫须有的指控，"七君子"发表了《答辩状》，逐条驳斥"起诉书"中的诬陷，坚决要求依法判决无罪。在法庭上，"七君子"义正严词，不卑不亢，据理力争，把审判长驳斥得理屈词穷，狼狈万分。

"七君子"入狱，在国际和国内都引起了轰动，就连法国著名作家罗曼·罗兰和德裔美籍科学家爱因斯坦等世界名人，也向国民党当局提出了抗议。

全国各界更是掀起了声势浩大的营救运动。宋庆龄、何香凝、胡愈之等 16 位极具社会影响力的人士发起了"救国入狱运动"，并共同发表《救国入狱运动宣言》。1937 年 7 月 5 日，他们各自携带简单的行李，在宋庆龄的带领下，一行人浩浩荡荡地直奔江苏高等法院，要求法院以"爱国罪"把他们收押，与"七君子"一道坐牢，弄得国民党政府无可奈何，十分尴尬。

由于"七君子"的坚持斗争和全国人民的一致声援，在卢沟桥事变爆发后全民抗战呼声逐日高涨的巨大压力下，7 月 31 日上午，国民党当局最终释放了"七君子"。

# 第六章
# 枪口一致对外

VR融媒党史云课堂
党史学习就在我身边

## 1. 逼蒋抗日

自日寇侵华以来，中国共产党一直站在全国抗日救亡运动的最前沿，并率先提出了建立抗日民族统一战线的主张。所谓抗日民族统一战线，简单来说就是以国共两党合作为基础，由全国各族人民、各民主党派、各爱国军队、各阶层爱国人士以及海外华侨参加的团结抗日的全民族统一战线。

1935 年 7 月，共产国际在莫斯科召开第七次代表大会，明确地提出了建立广泛的世界反法西斯统一战线的策略，积极赞成中共建立抗日民族统一战线的创议。

8月1日，中共驻共产国际代表团以中国苏维埃中央政府和中共中央的名义，发表了《为抗日救国告全体同胞书》，即著名的《八一宣言》，指出：在日本帝国主义疯狂侵略和国民党政府投降卖国的情况下，中华民族亡国灭种的大祸迫在眉睫，"抗日则生，不抗日则死"。各党派、各界同胞和各军队，无论过去、现在有何政见不同或利益差异，都应该停止内战，一致抗日。

《宣言》主张组织全国统一的国防政府和抗日联军，并号召全体同胞总动员，集中人力、物力，为抗日救国的神圣事业而奋斗。《宣言》还提出了抗日救国"十大纲领"，一经发表，便引起了社会各界强烈反响，有力地推动了当时华北及全国的抗日救亡运动。

12月17日至25日，中共中央在陕北瓦窑堡召开了政治局扩大会议，讨论军事战略、全国形势以及党的路线政策等问题。毛泽东、张闻天、周恩来、博古、刘少奇等10多人出席了会议。会议通过了《关于军事战略问题的决议》和《关于目前政治形势与党的任务决议》，指出："目前政治形势已经起了一个基本的变化"，

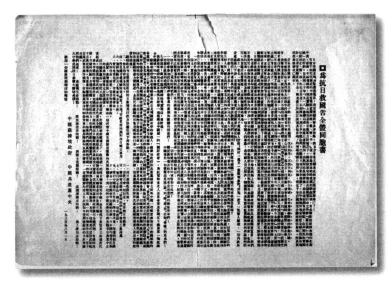

《八一宣言》

"党的策略路线，是在发动、团聚与组织全中国全民族一切革命力量去反对当前主要的敌人：日本帝国主义和蒋介石"。

会议提出将"苏维埃工农共和国"改为"苏维埃人民共和国"，并且相应调整了对其他各阶层的具体政策。两天以后，毛泽东根据会议精神，在党的活动分子会议上做了题为《论反对日本帝国主义的策略》的报告，批判了党内过去长期存在的狭隘的关门主义，再次指出党的基本策略和任务，就是建立广泛的民族革命统一战线。

　　瓦窑堡会议是遵义会议的延续与发展，它正确地解决了遵义会议没来得及解决的党的政治路线问题，为中国共产党领导全国人民迎接伟大的抗日战争奠定了政治基础。但是，瓦窑堡会议仍然把蒋介石排除在统一战线之外，"反蒋抗日"是当时的主要口号。

　　会议过后，中共采取了很多措施，努力争取联合抗日的机会。毛泽东、周恩来等人先后致信国民党上层人物、爱国将领和社会名流，向他们宣传共产党的主张，开展争取同盟者的工作。此时的蒋介石，在华北危机后也感到对日妥协已无出路，便着手在政治、经济、军事、国防、外交等诸多方面进行抵抗准备，并与中共开始了秘密接触。

　　根据形势的变化，中国共产党及时调整了自己的方针政策。1936 年 4 月 25 日，中共中央发表宣言，首次公开把国民党列入抗日民族统一战线的对象。5 月 5 日中共发表的《停战议和一致抗日通电》，不再把蒋介石称为"卖国贼"。8 月 25 日，在《中国共产党致中国国民党书》中，中共中央倡议在抗日的大目标下，国共实行

瓦窑堡会议旧址

二次合作，还以"民主共和国"代替了"人民共和国"

的口号。9月1日，中共中央向全党下达了《关于逼蒋抗日问题的指示》，指出："目前中国人民的主要敌人是日帝，所以把日帝与蒋介石同等看待是错误的，'抗日反蒋'的口号也是不适当的"，正式规定了"逼蒋抗日"的总方针。

至此，中国共产党基本上完成了对国民党政策的转变，从"反蒋抗日"到"逼蒋抗日"，到西安事变前后又进一步发展为"联蒋抗日"。这是中国共产党以民族大义为重做出的正确抉择，团结抗日的曙光已经就此显现。

## 2. 红军东征

1935 年 10 月，中央红军经过两万五千里长征，终于胜利到达陕甘苏区。虽然暂时找到了落脚点，但这块根据地太小、太穷，也不太巩固，红军仍然面临着被"围剿"的危险。为创造有利于红军生存与发展的条件和环境，同时也为了奔赴抗日前线，红军必须主动走出去。

　　1935 年 12 月，中共中央在瓦窑堡会议上，通过了《中央关于军事战略问题的决议》，规定：1936 年军事部署方面总的方针是"准备直接对日作战的力量"，"猛烈扩大红军"。将红一方面军的行动部署明确为"打通抗日路线"和"巩固、扩大现有苏区"两项任务，具体的步骤就是把红军的行动与苏区发展的主要方向，放到东边的山西和北边的绥远等省去。会后，毛泽东、周恩来向红一方面军下达了关于准备东征的行动计划。

　　1936 年 1 月 28 日至 2 月 1 日，中共中央军委在陕

准备渡河东征的红军骑兵

北延长县召开了军事会议，进一步研究了东征的行动路线和战略方针，并部署兵力，正式成立中国人民红军抗日先锋军，由彭德怀任总指挥，毛泽东任总政委，叶剑英任总参谋长，杨尚昆任总政治部主任。先锋军下辖3支部队：以林彪为军团长、聂荣臻为政委的红一军团；以徐海东为军团长、程子华为政委的红十五军团；以刘志丹为军长、宋任穷为政委的红二十八军团。

2月17日，中华苏维埃共和国中央政府和中国人民红军革命军事委员会联合发表《东征宣言》，庄严宣告：红军"为实现抗日，渡河东征"。第二天，东征红军在延川举行了誓师大会，随即开赴黄河沿岸，准备东征抗日。20日，毛泽东和彭德怀正式下达了渡河命令。

当晚8点，红一军团和红十五军团从北起绥行口、南至清涧河口50多千米长的河岸线，用小船和羊皮筏子同时渡河，迅速突破了阎锡山军队的防线，进入山西，发起东征战役。红军势如破竹，红一军团连克三交、留誉，进逼中阳。红十五军团进占义牒，直趋石楼。两个军团接连取得关上、蓬门大捷后，会师于大麦郊地区。随后，

## 历史掌故

**陕甘苏区**

陕甘苏区是土地革命战争时期，由谢子长、刘志丹、习仲勋等在陕西、甘肃两省边界和陕西省北部地区，建立起来的苏维埃政权区域。它是土地革命战争后期全国仅存的一块革命根据地，是党中央和长征各路红军的落脚点，尔后又成为党领导抗日战争的出发地和大本营。

红一军团为右路军、红十五军团为左路军，分南北两线进逼同蒲铁路沿线，积极准备东征河北，与日军作战。

红二十八军团也奉令于3月31日夜，在兴县罗峪口登岸，加入东征。红军在所到的晋西南和晋西北20多个县境内，积极发动和组织群众，扩军筹款。

为扩大东征的政治影响，宣传红军的抗日主张和有关政策，3月1日，毛泽东和彭德怀又联名发表了《中国人民红军抗日先锋军布告》，呼吁停止内战，号召一切爱国志士与红军联合起来，一致抗日。东征期间，中共中央还召开了晋西会议，统一了全党的思想认识，确定了红军的行动方针。

山西情势告急，掌握山西军政大权的阎锡山紧急电请蒋介石派兵增援。蒋介石调集 10 万大军，由同蒲路向北，正太路向西，分两路入晋，在太原成立晋陕绥宁四省"剿共总指挥部"，企图彻底消灭红军，并摧毁陕甘革命根据地。为顾全抗日救国大局，避免大规模内战，保存抗战实力，红军果断于 4 月底撤回陕北。东征至此胜利结束。

红军东征，历时 75 天，壮大了自己，提高了战斗力，同时也宣传了党的抗日救国主张，在山西播下了民族革命的火种，有力地推动了抗日民族统一战线和全国抗日运动的发展，为迎接抗日战争的全面到来做了重要准备。

## 3. 西安事变

张学良当年为保存东北军的实力采取了"不抵抗政策"，致使国土沦陷，受到了全国人民的谴责，还得了个"不抵抗将军"的骂名，为此他十分痛苦，甚至引咎辞职。1935年秋，蒋介石委任张学良为"西北剿匪总司令部"副总司令，调他的东北军到西北，与杨虎城的17路军一起剿灭红军。

在与红军的交战中，他们的队伍同当年的19路军一样屡遭重创，全军将士深深感到"剿共"没有出路。特别是国难当头，凡是有爱国之心的官兵都不愿意中国人打中国人，要求抗日的情绪有增无减。中国共产党抓住这一有利机会，及时开展对张学良和杨虎城的统战工作，使二人接受了中共的主张。

杨虎城与张学良先后与中共秘密达成了"停止内战、共同抗日"的协定，在西北形成了红军、东北军与17路军"三位一体"的联合抗战局面。

此后，张学良利用各种机会面见蒋介石，反复劝说他停止内战，但蒋介石每次都置之不理。而且眼见张学良、杨虎城剿共不力，蒋介石十分恼火，多次严令张、杨继续进剿红军，还调集自己的嫡系部队约30个师，准备从河南开入陕甘，参加"剿共"。1936年12月4日，蒋介石又一次来到西安，住进骊山脚下的华清池。他此行是来亲自督战的，并向张、杨二人摊牌，表示二人要么立即全力"剿共"，要么就把他们的部队调往南方，改由中央军进攻红军。

两位将军不愿与红军再开战端，也不愿意自己的队伍被蒋介石以收编的旗号吞灭，就一次次地苦谏乃至哭谏，恳求蒋介石停止内战，容纳抗日主张，仍然遭到拒绝与训斥。9日，西安学生1万余人为纪念一二·九运动一周年举行示威游行，国民党特务竟然开枪打伤了一名小学生。

群情激昂的学生，当即前往临潼向蒋介石请愿。蒋介石让张学良前去制止，如果学生不听就使用武力镇压。张学良赶到灞桥劝阻学生回去，但请愿学生的悲愤陈词使他深受感动。张学良当即保证一定抗日，并在一星期内用事实答复学生。张学良向蒋介石转达了学生们的要求，又一次遭到痛斥。在别无选择之下，张学良、杨虎城决心不顾一切，实行兵谏。

12月12日凌晨5点，华清池忽然枪声四起。正睡得昏昏沉沉的蒋介石突然被惊醒，他跳下床来，慌里慌张、哆哆嗦嗦地穿上睡衣，在随从的搀扶下从后窗翻出，又翻过围墙，藏进房后骊山的一道石缝中。后来，搜山的卫队营发现了这位光着头、光着脚、只穿着睡衣裤、狼狈不堪的委员长，把他带回城内扣押起来。17路军这时也控制了西安城，软禁了从南京来的几十名国民党军政要员。

当天，张学良、杨虎城宣布撤销"西北剿匪总部"，建立抗日联军西北临时军事委员会，二人分别担任正、副委员长。同时联名通电全国，说明事变的动机完全在于抗日救国，并保证蒋介石的安全。通电提出：改组南京政府，容纳各党各派共同负责救国；停止一切内战；立即释放上海被捕的爱国领袖；释放全国一切政治犯；开放民众爱国运动；保障人民集会结社等一切政治自由；确实遵行总理（孙中山）遗嘱；立即召开救国会议等共8项主张。

西安事变的发生，引起了国内外的强烈反响，南京政府内部也出现了讨伐张杨与和平解决两种尖锐对立的主张。中共中央审时度势，正确做出决策：确定以和平

《西北文化日报》关于西安事变的报道

方式解决西安事变，以争取实现全国对日抗战。应张学良之邀，周恩来、叶剑英、秦邦宪作为中共代表，迅速前往西安，与蒋介石的代表宋子文、宋美龄兄妹进行谈判。

经过紧张、艰难的斡旋，双方达成协议。在蒋介石承诺"绝不打内战"和"一定要抗日"后，西安各方同意释放蒋介石，西安事变得以和平解决。12月25日，张学良亲自护送蒋介石返回南京。从此，张学良遭到长达半个多世纪的监禁。杨虎城后来被蒋介石撤职、关

中共代表团回到延安，受到毛泽东等人的欢迎，左四起分别为秦邦宪、张闻天、毛泽东、周恩来、彭德怀、林伯渠、萧劲光

押，1949 年 9 月，一家人在重庆中美合作所的戴公祠惨遭杀害。

西安事变的和平解决，成为扭转中国时局的关键，对国共两党再次合作、团结抗日，对促进抗日民族统一战线的最终形成，都起到了重大的推动作用。

# 4. 国共会谈

在全国抗日救亡热潮的推动下，国民党内部"抗日反蒋"的呼声也在不断高涨。先是国民党元老续范亭在南京中山陵剖腹自杀，血谏抗日；后来广西新桂系首领李宗仁和广东粤系军阀代表陈济棠又举起"抗日反蒋"的旗帜，发动了轰动全国的两广事变。这种内忧外患的形势，促使蒋介石不得不转变政策，对日态度渐渐变得强硬起来。

随着局势的发展，国共两党在西安事变前就开始了秘密接触。1935 年 12 月，蒋介石派代表通过苏联政府与中共驻共产国际代表联系，提出了两党谈判的设想。不久后，双方代表在南京和上海进行了初步洽谈。后来，蒋介石又让宋子文通过宋庆龄，派人送信给中共中央，表示愿意谈判合作抗日问题。

1937 年 2 月，国民党召开五届三中全会，讨论对共产党及对日本的政策。经过激烈争论，全会否定了汪精

## 历史掌故

### 两广事变

1936年6月至9月，广西新桂系首领李宗仁和广东粤系军阀代表陈济棠，利用抗日名义，联合举兵反对不积极抗日却一直处心积虑要消灭两广势力的蒋介石。两广为此专门成立了军事委员会和抗日救国军，以陈济棠为委员长兼总司令、李宗仁为副总司令，继而进兵湖南。但因广东内部分化，陈济棠不战自败，于7月18日通电宣布下野，离开广东前往香港。经谈判，李宗仁、白崇禧也于9月14日发布和平通电，表示服从中央，接受南京国民政府的任命。"两广事变"得以和平解决，这客观上有利于抗日民族统一战线的形成。

卫提出的坚持"剿共"方针，确定了和平统一的原则，声明如果日本对中国的损害超过忍耐的限度，将决定起来抗战。这次会议标志着国民党国策有了基本转变，开始接受抗日民族统一战线的政策。

中共中央在会前致电国民党三中全会，提出了5项要求，即：停止内战，集中国力，一致对外；保障言论、集会、结社之自由，释放一切政治犯；召开各党各派各界各军的代表会议，集中全国人才，

国共谈判代表在西安，右起分别为周恩来、张冲、叶剑英

共同救国；迅速完成对日作战之一切准备工作；改善人民生活。中共中央指出，如果国民党将这5项要求定为国策，中国共产党愿意做出4项保证，即：实行停止武力推翻国民党政府的方针；工农政府改名为中华民国特区政府，红军改名为国民革命军；特区实行彻底民主制度；停止没收地主土地的政策，坚决执行抗日统一战线的共同纲领。

与此同时，延安方面代表周恩来、叶剑英与南京方

面代表顾祝同、贺衷寒、张冲，也在西安就两党合作的具体问题展开了进一步会谈。共产党坚持在组织上、政治上和思想上的独立性，以及改编后对红军的绝对领导权，使谈判陷入僵局。

3月，周恩来应邀来到杭州同蒋介石举行会谈。这是国共再次合作过程中，双方领导人的第一次正式会晤。周恩来提出了有关红军改编和陕甘宁边区改为特别行政区等6条要求，指出两党合作应建立在民族解放、民主

1937年年初，国民党中央派出考察团前往延安考察，受到边区人民的欢迎

自由、民生改善的共同纲领之上。

蒋介石那一天心情很好，他与周恩来温和地交谈，并承认中共有民族意识和革命精神，承认国共分裂造成了军阀割据和日本帝国主义的入侵，希望今后好好合作，永久合作。对中共提出的一些具体问题，他也爽快地答应了。30 日，周恩来返回延安，准备下一轮谈判。

6 月 4 日，周恩来如约前往庐山继续会谈。他代表中共中央向蒋介石递交了《关于御侮救亡、复兴中国的民族统一纲领（草案）》，再次陈述了此前谈判所提的各项要求。不料蒋介石这次竟出尔反尔，不同意红军改编成 3 个师后设总指挥部，而要求各师直接由行营指挥；甚至提出让毛泽东、朱德离开红军出洋考察等过分要求。周恩来当然不能接受，并提出把国民党改组成为民族革命同盟，其他党派加入进去，但保留各党派的独立性。双方一时僵持不下。

不久，周恩来回到延安汇报谈判情况。为顾全大局，中共中央又一次做出重大让步，制订出新的谈判方案。

在国民政府的不断催请下，7 月 7 日，周恩来同博

古、林伯渠从延安抵达上海，准备再上庐山谈判。就在当天，卢沟桥事变爆发。中国抗战形势与国共关系由此进入新的阶段。

9月中旬，在中华民族生死存亡关头，国共两党最终取得了一致。同月23日，蒋介石发表相关谈话，事实上承认了共产党的合法地位，也宣告了国共第二次合作及抗日民族统一战线的实质建立。中华民族艰苦卓绝的全民抗战，正式拉开了大幕。